思想的·睿智的·獨見的

經典名著文庫

學術評議

丘為君　吳惠林　宋鎮照　林玉体　邱燮友
洪漢鼎　孫效智　秦夢群　高明士　高宣揚
張光宇　張炳陽　陳秀蓉　陳思賢　陳清秀
陳鼓應　曾永義　黃光國　黃光雄　黃昆輝
黃政傑　楊維哲　葉海煙　葉國良　廖達琪
劉滄龍　黎建球　盧美貴　薛化元　謝宗林
簡成熙　顏厥安（以姓氏筆畫排序）

策劃　楊榮川

五南圖書出版公司 印行

經典名著文庫

學術評議者簡介（依姓氏筆畫排序）

- 丘為君　美國俄亥俄州立大學歷史研究所博士
- 吳惠林　美國芝加哥大學經濟系訪問研究、臺灣大學經濟系博士
- 宋鎮照　美國佛羅里達大學社會學博士
- 林玉体　美國愛荷華大學哲學博士
- 邱燮友　國立臺灣師範大學國文研究所文學碩士
- 洪漢鼎　德國杜塞爾多夫大學榮譽博士
- 孫效智　德國慕尼黑哲學院哲學博士
- 秦夢群　美國麥迪遜威斯康辛大學博士
- 高明士　日本東京大學歷史學博士
- 高宣揚　巴黎第一大學哲學系博士
- 張光宇　美國加州大學柏克萊校區語言學博士
- 張炳陽　國立臺灣大學哲學研究所博士
- 陳秀蓉　國立臺灣大學理學院心理學研究所臨床心理學組博士
- 陳思賢　美國約翰霍普金斯大學政治學博士
- 陳清秀　美國喬治城大學訪問研究、臺灣大學法學博士
- 陳鼓應　國立臺灣大學哲學研究所
- 曾永義　國家文學博士、中央研究院院士
- 黃光國　美國夏威夷大學社會心理學博士
- 黃光雄　國家教育學博士
- 黃昆輝　美國北科羅拉多州立大學博士
- 黃政傑　美國麥迪遜威斯康辛大學博士
- 楊維哲　美國普林斯頓大學數學博士
- 葉海煙　私立輔仁大學哲學研究所博士
- 葉國良　國立臺灣大學中文所博士
- 廖達琪　美國密西根大學政治學博士
- 劉滄龍　德國柏林洪堡大學哲學博士
- 黎建球　私立輔仁大學哲學研究所博士
- 盧美貴　國立臺灣師範大學教育學博士
- 薛化元　國立臺灣大學歷史學系博士
- 謝宗林　美國聖路易華盛頓大學經濟研究所博士候選人
- 簡成熙　國立高雄師範大學教育研究所博士
- 顏厥安　德國慕尼黑大學法學博士

經典名著文庫216

哲學片段

Philosophiske Smuler

[丹麥]齊克果 著
Johannes Climacus (ed. S. Aa. Kierkegaard)
翁紹軍 譯　汪文聖 導讀

經典永恆・名著常在

五十週年的獻禮・「經典名著文庫」出版緣起

總策劃 楊榮川

閱讀好書就像與過去幾世紀的諸多傑出人物交談一樣——笛卡兒

五南，五十年了。半個世紀，人生旅程的一大半，我們走過來了。不敢說有多大成就，至少沒有凋零。

五南忝爲學術出版的一員，在大專教材、學術專著、知識讀本出版已逾壹萬參仟種之後，面對著當今圖書界媚俗的追逐、淺碟化的內容以及碎片化的資訊圖景當中，我們思索著：邁向百年的未來歷程裡，我們能爲知識界、文化學術界做些什麼？在速食文化的生態下，有什麼值得讓人雋永品味的？

歷代經典・當今名著，經過時間的洗禮，千錘百鍊，流傳至今，光芒耀人；不僅使我們能領悟前人的智慧，同時也增深加廣我們思考的深度與視野。十九世紀唯意志論開創者叔本華，在其〈論閱讀和書籍〉文中指出：「對任何時代所謂的暢銷書要持謹慎的態度。」他覺得讀書應該精挑細選，把時間用來閱讀那些「古今中外的偉大人物的著作」，閱讀那些「站在人類之巔的著作及享受不朽聲譽的人們的作品」。閱讀就要「讀原著」，是他的體悟。他甚至認爲，閱讀經典原著，勝過於親炙教誨。他說：

「一個人的著作是這個人的思想菁華。所以，儘管一個人具有偉大的思想能力，但閱讀這個人的著作總會比與這個人的交往獲得更多的內容。就最重要的方面而言，閱讀這些著作的確可以取代，甚至遠遠超過與這個人的近身交往。」

爲什麼？原因正在於這些著作正是他思想的完整呈現，是他所有的思考、研究和學習的結果；而與這個人的交往卻是片斷的、支離的、隨機的。何況，想與之交談，如今時空，只能徒呼負負，空留神往而已。

三十歲就當芝加哥大學校長、四十六歲榮任名譽校長的赫欽斯（Robert M. Hutchins, 1899-1977），是力倡人文教育的大師。「教育要教眞理」，是其名言，強調「經典就是人文教育最佳的方式」。他認爲：

「西方學術思想傳遞下來的永恆學識，即那些不因時代變遷而有所減損其價值的古代經典及現代名著，乃是眞正的文化菁華所在。」

這些經典在一定程度上代表西方文明發展的軌跡，故而他爲大學擬訂了從柏拉圖的《理想國》，以至愛因斯坦的《相對論》，構成著名的「大學百本經典名著課程」。成爲大學通識教育課程的典範。

歷代經典·當今名著，超越了時空，價值永恆。五南跟業界一樣，過去已偶有引進，但都未系統化的完整舖陳。我們決心投入巨資，有計劃的系統梳選，成立「經典名著文庫」，希望收入古今中外思想性的、充滿睿智與獨見的經典、名著，包括：

- 歷經千百年的時間洗禮，依然耀明的著作。遠溯二千三百年前，亞里斯多德的《尼各馬科倫理學》、柏拉圖的《理想國》，還有奧古斯丁的《懺悔錄》。
- 聲震寰宇、澤流遐裔的著作。西方哲學不用說，東方哲學中，我國的孔孟、老莊哲學，古印度毗耶娑（Vyāsa）的《薄伽梵歌》、日本鈴木大拙的《禪與心理分析》，都不缺漏。
- 成就一家之言，獨領風騷之名著。諸如伽森狄（Pierre Gassendi）與笛卡兒論戰的《對笛卡兒沉思錄的詰難》、達爾文（Darwin）的《物種起源》、米塞斯（Mises）的《人的行爲》，以至當今印度獲得諾貝爾經濟學獎阿馬蒂亞・森（Amartya Sen）的《貧困與饑荒》，及法國當代的哲學家及漢學家朱利安（François Jullien）的《功效論》。

梳選的書目已超過七百種，初期計劃首爲三百種。先從思想性的經典開始，漸次及於專業性的論著。「江山代有才人出，各領風騷數百年」，這是一項理想性的、永續性的巨大出版工程。不在意讀者的眾寡，只考慮它的學術價值，力求完整展現先哲思想的軌跡。雖然不符合商業經營模式的考量，但只要能爲知識界開啓一片智慧之窗，營造一座百花綻放的世界文明公園，任君遨遊、取菁吸蜜、嘉惠學子，於願足矣！

最後，要感謝學界的支持與熱心參與。擔任「學術評議」的專家，義務的提供建言；各書「導讀」的撰寫者，不計代價地導引讀者進入堂奧；而著譯者日以繼夜，伏案疾書，更是辛苦，感謝你們。也期待熱心文化傳承的智者參與耕耘，共同經營這座「世界文明公園」。如能得到廣大讀者的共鳴與滋潤，那麼經典永恆，名著常在。就不是夢想了！

二〇一七年八月一日　於

五南圖書出版公司

目錄

《哲學片段》導讀

一、齊克果的生平與思想背景

齊克果（Søren Aabye Kierkegaard，一八一三—一八五五）出生於丹麥哥本哈根，是位憂鬱且多產的作家。他在哥本哈根大學攻讀神學學位，亦涉獵歷史、文學、哲學與心理學，作品涵蓋神學、文學批評、心理學和宗教學。他對當時的社會和基督教的改革提出許多針砭之言，對於哲學更有重大的突破性見解。他在短短四十二年生命裡，寫下無數的作品。《哲學片段》是在一八四四年出版的，當時以約翰尼斯・克利馬科斯（Johannes Climacus）爲託名，並註明爲齊克果所編。

約在一八四二年十一月至隔年四月間齊克果撰寫一部以懷疑爲主題未完成的自傳式作品，他過世後才以《懷疑者》的書名出版。此書披露了齊克果的性格與興趣，以及和父親的關係，因爲論述的主題和《哲學片段》有許多關聯，藉之我們可從他的自述直接了解其生平，也可對他環繞終生的問題，關聯到所傳承與改造的思想來做剖析。

總體而言，我們在《懷疑者》裡看到齊克果掙脫體系性思維，在突破黑格爾的思想；他批判哲學之以懷疑爲起點，在超越蘇格拉底、皮浪（Pyrrho，西元前三六〇—二七二），與笛卡兒的懷疑論。齊克果走向了信仰之路，但這個信仰不同於傳統以及當時教會對信仰的理解。我們在這裡看到齊克果從時代的背景脫穎而出，走向自己之路。

再仔細言，我們在《懷疑者》的「引子」裡，讀到齊克果以約翰尼斯・克利馬科斯爲託名的自述：他「享受淡泊隱逸的生活」，外表纖柔、空靈，靈魂富理性、重精神，女人和美色打不動他，熱戀著思考（頁五十六）。父親是「方正古板」的人，看上去是「寡淡無味」，但「在粗獷樸素外表下隱藏的卻是光芒萬丈的想像力」（頁五十九）。他在經常與齊克果外出散步中，無所不知地對於周遭事物細緻描繪，讓齊克果以爲「這世界彷彿是在談話過程中才形成的」，而種下齊克果豐富想像力的因，父親許以「將自己最漫無邊際的狂想與幻念嵌入這世界」（頁六十）。齊克果更耳濡目染了父親常與人對談時，如何將想像力與辯證法結合在一起：父親讓對手說盡了才開始回答，但剎那間，對手覺得明確的突變成可疑的。鑑於父親一個字就扭轉全部，齊克果也學到如在直述句中加了假設語氣，就可將整個句子賦予新的含義（頁六十二—六十三）。他也在父親的影響下，堅信志向可以解決所有道理，從而常鼓舞著自己奮鬥冒險（頁六十六）。

他自幼受即接受豐富的精神糧食，拉丁文、希臘文的文法及箇中的哲學意涵，讓直覺的想像力往無盡的時空延伸。想像力的神遊包括感情與理性，但對於事物的感受力也被陶鑄得極爲敏銳（頁六十一—六十二）。故齊克果從幼年起觀念世界開發，但對於現實世界的信念不改，甚至觀念世界成爲他的現實世界，或期待從現實中找到觀念世界。這個現實與觀念的結合，成了齊克果在《懷疑者》與《哲學片段》裡論述的根本訴求，從哲學思維轉到信仰的關鍵所在。

我們在其他（維基百科：「索倫・奧比・齊克果」）關於齊克果的介紹裡，讀到其父親邁克爾・齊克果（Michael Pedersen Kierkegaard）原來是位羊毛富商，他在二十九歲那年妻子病故，隔年娶了安妮・索倫斯坦德（Anne Sørensdatter）。安妮陸續生下六個孩子，索倫・齊克果是他們最小的兒子。自從再婚以後，麥克爾就不再經商，寧願把更多的時間放在讀書與研討宗教問題上。在哲學方面，特別影響到齊克果的是柏拉圖對話錄裡蘇格拉底的形象：他以懷疑、對於「無知」的自覺爲出發點，常以譬喻與反諷的語言來談話，繼而以接生婆的方式傳授眞理，成了齊克果畢生一方面傳承，但另一方面批判的最重要資產。在宗教方面，父親將幾位孩子夭折早逝，歸之於自己受到上帝的懲罰，因他早年曾輕率地詛咒上帝，有幾位孩子又是安妮生前懷孕。鑑於此齊克果日後主張，人在受到上帝寬恕後應該不再承受罪惡與懲罰的負擔，他在《懷疑者》、《哲學片段》，及其他著作裡對之有所呼應，強調在「瞬間」的懺悔、信仰、愛，從而能讓許多罪移除掉（《愛在流行》，頁二七八）。至於母親安妮從未在齊克果的著作中提及，但其兄弟彼得在作品裡多次提到母親的話語，表達出母親始終保護與眷顧著索倫與彼得，她實也對孩子有著深遠的影響。

二、齊克果的思想特徵

我們不欲對齊克果的思想特徵全面介紹，而寧願先指出其要點，爲了之後對《哲學片段》的思想闡發做準備。由於《懷疑者》是對於作爲相關問題結論之《哲學片段》的思考過程，故值得先對《懷疑者》梗概地說明。

眾所周知，齊克果曾將人生分爲「感性」、「理性」和「宗教性」三個階段，《非此即彼》就分別以唐璜、威廉法官與亞伯拉罕爲代表這三階段的人物，當然就齊克果而言，蘇格拉底仍停留在倫理的階段，至少不是基督宗教的階段。而齊克果的著作就表達與論述的方式而言分爲哲學與宗教兩個時期。這兩種不同的表達與論述方式反映到齊克果分別以託名與否爲其作者。而據《懷疑者》的審譯者與《哲學片段》的譯者翁紹軍之見，宗教性的著作是齊克果基督教信仰的直接表達，故不需要託名，託名則是齊克果間接地傳達眞理。翁紹軍以爲這個時代需要引導人去反對自己的意志，才能把眞相顯示給人；他以爲齊克果在模仿柏拉圖對話錄裡描述蘇格拉底的辯證法，像蘇格拉底只是眞理的助產士一樣，不直接將眞理給予對方（《懷疑者》，頁七十二—七十三）。

這就是所謂的「間接溝通」（indirect communication）方法，據之我們不直接以表達義理的方式來傳遞某個哲學或思想的意涵，而以諷刺、類比、隱喻、敘事等方式來表達意涵；換言之，就是不直接以出自意識、具主動的，因而出自意志的知性概念來表達，而以富有感情的、具文學性或詩性的語言表達，讓讀者不只知性的，更是感性地、同理地，甚至情韻共鳴地來具體理解思想的意涵。

蘇格拉底對於眞理以助產士的方式傳達，固然也屬於間接溝通，但這種間接性並非齊克果所訴求的。這就涉及蘇格拉底的懷疑、自覺無知，從而對之化解，對齊克果而言只留在倫理，而未達到基督宗教的存在層次。齊克果對於懷疑議題的提出，在基督宗教裡到底有什麼建樹呢？

齊克果從哲學層次的懷疑問題，走向宗教層次的懷疑問題。鑑於哲學層面的三個命題：哲學由懷疑開始、哲學思考前先有懷疑、近代哲學由懷疑開始（頁八十七），他主要提出它們是哲學史的時間前後問題，或是哲學系統的邏輯先後問題，後者其實是在觀念性的永恆層次。所以齊克果就討論歷史中個別提出或思考懷疑問題的人，是否包含在屬於觀念性懷疑問題的系統之內（頁一一○）。他繼而從哲學有起於驚訝與起於懷疑的不同說法，區別前者是當下的，後者是反思的（頁一二六），進而關聯到一般的說法：當下的意識是不確定的，對它的懷疑是一種反思，反思需要以觀念性語言去建立與之前當下意識間的關係。但不論是否定或肯定原先的當下意識，都需要觀念性語言對於當下意識做判斷，這是永恆與時間之間關係的問題。觀念性語言是否就扮演著它們之間的中介角色，而即便如此，這個角色可以完成嗎（頁一八一——一八三）？這就涉及後面要說的宗教層次之永恆與時間結合的問題。

另一個問題是，齊克果提到希臘皮浪的懷疑主義是對於周遭的事情抱持著無利害的態度，因而可以寧靜地過生活（頁一二八），這應該也是對於早先蘇格拉底的提問：「人應該怎麼生活？」的一種回答。它既然涉及實踐生活，那麼這個懷疑雖是「抱持無利害的態度」，但皮浪學派的懷疑主義卻是涉及個人的存在，而非認識的問題，故它是一種對於存在有利害關係的懷疑主義。這個「利害」的德文字 Interesse 拆解爲 Inter-esse，意義是「介入存有」，指的就是對於存在有利害關係。笛卡兒的懷疑方法欲謀求一個不容懷疑的「我」，是將原先人的存在生活以一個不動搖的基礎來做起點，這個經過反思所建立的「我」卻是從原先有利害的存在性轉爲無利害的知識性活動的主體，故笛卡兒的懷疑主義基本上是沒有介入存有的（頁一八五—一八七）。蘇格拉底提出「人應該怎麼生活？」的問題，他與皮浪仍處在倫理的層次，皆不滿足於齊克果經由懷疑所訴求的基督宗教生活。《哲學片段》就在針對此做討論。

三、《哲學片段》的精髓

本書一開始就在討論齊克果與蘇格拉底有何不同。蘇格拉底認爲眞理不能直接傳達，他在市集與他人展開辯證式的交談，是在提醒他人對無知的自覺，從而回憶起已經知道的東西，這樣蘇格拉底就扮演助產士的角色，讓他人自己尋回眞理。蘇格拉底也相信神明，但神明委託他只扮演助產士的角色，讓每個人自己尋獲眞理，自己認識自己以及神明的意旨（頁十二—十九）。蘇格拉底這種不以權威自居的性格（頁二十—二十一），反照出齊克果當時教會牧師的權威性。鑑於此齊克果雖讚許蘇格拉底，但以爲教師不可能幫助門徒回憶起自己已經知道的眞理，教師只提供門徒認識眞理的條件（頁二十五）。甚且這個條件是門徒自己失去的，又因爲他們遠離了上帝，故爲本質的而非偶然的失去。門徒因自身的過錯而處在沒有眞理的狀態，他們一旦擺脫這被稱爲罪的自我束縛，那麼就能得到解脫（頁二十六—二十七），沒有眞理的狀態就會全然消失，從而門徒回到與上帝的親近關係。蘇格拉底在倫理的層次，而齊克果在基督宗教的層次，它們的區別更要從時間與永恆的關係取得根本的意義。

蘇格拉底扮演著讓每個人從自覺無知到回憶已知的眞理之一種中介的角色，但蘇格拉底在對話裡表示對於至善追求是在無限的的歷程中，從具時間性的存在生活裡試圖回答「人應該怎麼生活？」之具永恆性的實踐眞理，似乎因爲答案沒有終點而一直不能超出時間而至永恆。齊克果主張的基督宗教就其本質而言，從無知到知，從時間性到永恆性，「瞬間」扮演著中介的環節。由於在一霎那間的短暫，「瞬間」的中介讓時間與永恆結合起來。其實作爲教師的上帝也扮演著中介的角色，但上帝之爲中介是轉化爲人子的耶穌，上帝同時具有時間性與永恆性。

齊克果對於作爲中介的瞬間、耶穌闡發甚多。因爲門徒不是以回憶去尋回自己固有的眞理，它反而要回憶自己沒有眞理，故重新親近上帝獲得眞理是從「無」到「有」轉變的重生（頁三十三—三十七）。經由永恆在「瞬間」臨現於時間，上帝以最低賤的身分顯現在人間，這個顯現是出於上帝的愛。但上帝以奴僕般低賤的身分去愛人類，不易得到人以愛來回饋，終至要以自我犧牲爲代價。這樣的「上帝讓自己生根在人的弱點之中」，才能使人「成爲一個新人和一個新的容器」（頁五十九—六十七）。

在「瞬間」人與上帝遭逢，時間與永恆接觸，是經由一種「悖論」發生的，故「悖論」也是一種中介。人與上帝之間本存在著差異，而當上帝轉化爲人子，與自己也產生差異，讓人既與耶穌等同，在等同中發現差異，又繼而和上帝親近，這些關聯被描寫爲「悖論」（頁八十八—九十）。因爲人與上帝的接觸不是靠理論，而是靠存在的關聯，齊克果在各種著作對這個關聯闡發，但總是從人的存在生活（頁九十一—九十二），而非既定的教條出發。於是我們常讀到一些概念，如「冒犯」就是其一。

對於人與上帝間的差異不能了解，但故做遭逢，就產生了「冒犯」，同時也在於不了解耶穌的角色是作爲人與上帝的中介而來。唯這不是認識的冒犯，而是存在的冒犯。冒犯的根本原因在於尚無罪的意識。罪起源於人與上帝的隔離，人子的身分似乎要將這個隔離轉爲親近，但親近並非差異的消失，既差異又親近的關係就顯示了一種悖論。唯不了解這種悖論，從而心生冒犯，就是有罪，但沒有罪的意識（頁九十四—九十九）。一旦上帝轉化爲人子的過程啓示了人罪的意識，才有在差異中親近上帝的可能。這個罪與冒犯的進程，透過人對自己存在生活的絕望問題，進而產生在瞬間中的信仰，成了後來《致死之病》的論述主軸。

本書最後的重點是循著在瞬間中悖論而生信仰的這個論述發展而來的，是探討與上帝眞正同齡的意義是什麼？齊克果常對照教師作爲蘇格拉底與教師作爲上帝：蘇格拉底是讓他人回憶自己固有的眞理，故蘇格拉底對於學生是在歷史上一種機緣的遭逢；上帝轉化成人子與當時的門徒或同時代的人遭逢，若要區別於蘇格拉底之僅爲機緣的，那麼就要循著上述的在「瞬間」的悖論問題，且在罪的意識中產生信仰，唯有在「瞬間」中的信仰才能形成不論一般人、門徒、幾世代的再傳信徒與上帝爲眞正同齡的條件（頁一二七—一二八）。

四、從《哲學片段》看齊克果對後世的影響

齊克果在《哲學片段》裡，以基督宗教的立場和希臘哲學的立場做區別，去論述上帝與蘇格拉底作爲教師之分別與學生的不同關係、不同傳達眞理的方式。眞理涉及永恆性的觀念，人在時間中企圖和永恆性做連結。蘇格拉底哲學指出人必須經由時間的回憶去尋獲永恆的眞理，其後的黑格爾哲學試圖將永恆轉化成人的歷史行程，讓眞理在歷史的辯證發展中逐步實現。不論希臘或黑格爾影響到齊克果時代以及後世的基督教神學，就形成了自由派神學以人類歷史的觀點對於《新約聖經》過度強調耶穌之神性記載做批判式的解讀（李麗娟，頁一一六）。

齊克果在《哲學片段》提醒我們，「問題的實質是上帝曾經顯身人樣來到人世間這個歷史事實，而其他歷史細節並不那麼重要。」（頁一九四）而與主同時代的人僅留下這句話就綽綽有餘：「我們確曾相信過，上帝在某年顯身爲謙卑的奴僕，他生活在我們中間，教導我們，然後死去。」（頁一九五）若純以人類歷

史的觀點來看，當時信徒與上帝的遭逢也是一種機緣。但從「我們確曾相信，上帝顯身於我們中間，教導我們，然後死去」的上帝基於愛從永恆轉向時間，人基於信從時間轉向永恆的觀點而言，這卻是「瞬間」的事。這個主張影響到後世包括辯證神學在歐陸的興起（李麗娟，頁一一七）。

辯證神學傳承了齊克果對於以人本主義、啓蒙運動，從而以人的智慧來解經的教會的批判。《哲學片段》對於歷史來看之與上帝同時的信徒和再傳信徒間關係差別無關緊要的主張，啓示了巴特（Karl Bath）訴諸於人要直接領受上帝話語，布爾特曼（Rudolf Bultmann）則從存在主義出發，共同去論述在瞬間之悖論與信仰的關係（李麗娟，頁一一七，維基百科：「新正統神學」）。這對於現今的教會界仍扮演著暮鼓晨鐘的角色。

汪文聖

二〇二五年一月國立政治大學達賢圖書館學人研究室

參考資料

李麗娟。〈祁克果的「同時性」、「瞬間」概念論詮釋與神學〉，《台灣神學論刊》二〇一二年三十五期，頁一一三—一三六。

索倫．克爾凱郭爾（齊克果）。《非此則彼》，北京：中國工人出版社，一九九七。

齊克果。《懷疑者》，臺北市：城邦文化，二〇〇五。

齊克果。《愛在流行》，臺北市：商周出版，二〇一五。

齊克果。《致死之病》，臺北市：商周出版，二〇一七。

齊克果。《哲學片段》，臺北市：五南書局，二〇二五。

維基百科詞條：「索倫．奧比．齊克果」、「新正統神學」。

中譯本前言

丹麥哲學家齊克果（S. Aa. Kierkegaard（亦譯基爾克果、克爾凱高爾、克爾凱郭爾、祈克果），一八一三—一八五五）在現代思想史上占有重要位置，對二十世紀的哲學、神學、文學均有深遠影響，這種影響的持久效力並不僅限於由存在哲學（海德格、雅斯培）、辯證神學（巴特）和存在主義神學（布爾特曼、布伯）來概括或衡量。

本書是齊克果思想的基本要素的簡潔明晰的表達，亦是其五部主要的基督思想論著的第一部（一八四四）。書名雖爲《哲學片段》，實以基督信仰爲論述主題。書中提出的「直接信仰」（「與上帝的直接關係」）的論點，在我看來，是自路德之後，基督思想史中唯信論的一次重大推進，具有思想里程碑的意義。

全書在知識與信仰、蘇格拉底遺訓與福音書之間的緊張中展開思想論辯，力圖確立新的思想認知——信仰、新的思想預設——罪的意識、新的思想決斷——瞬間和新的思想之師——在時間中顯現的上帝。

齊克果在本書中展開的思想對中文神學的未來建構尤其具有啓發性，每一代基督徒在存在論意義上與使徒們一樣，直接面對上帝的臨在；主耶穌的同齡人（使徒們）的傳言，僅是後世基督徒與上帝見面的機緣，而使徒們與上帝的同時性亦僅只是個機緣，後世信仰者的認信本質上是個體在屬己的生活決斷中採納上帝的恩典。齊克果還強調，基督思想的資源是從《新約》福音書起始的，而非從《舊約・創世記》起始的。這些論題都旨在闡明「直接信仰」的意涵，中文神學思想若要擺脫種種民族論、中西二元景觀、本土化論之拘束，轉向與上帝的直接關係，實有必要藉助於齊克果的思想機緣。

齊克果原打算寫一套哲學小冊子，本書是其中的第一篇，手稿的最後抄本標明「No.1：一個教義的—哲學的問題」，出版時刪去了序號，並改名爲《哲學片段》，或《哲學的一個片段》。這個標題表明它反駁黑格爾式的體系哲學和思辨神學思想的用意。

本書用克利馬科斯（Johannes Climacus）的筆名發表，齊克果的本名署爲編者。*齊克果的著作，除宗教作品外，大都用筆名發表，這是他精心構想並一

* 為簡便清晰起見，我們將此中譯本的原著者直接署名為齊克果。——編者

直保持的一個特點。宗教著作不用筆名，乃因爲這類著作是其基督信仰的直接表達，可坦然地道出本名；其他著作則帶有思想嘗試的性質，其論述不能確定是他自己的主張。本書原並未打算用筆名，手稿的最後抄本仍署本名，可見本書乃屬於齊克果的宗教思想作品。出版時，齊克果改署筆名，推究原因，大概與當時神學界和教會界的狀況有關。如果我們考慮到，中文神學界和教會界迄今仍有拒認齊克果的基督思想的情形，當時齊克果的處境也可以想見。

齊克果開創了教會建制外的基督思想的先河和典範，是文化基督徒的一個先驅。本書中譯本之問世，儘管過遲，卻並非不合時宜。

劉小楓

一九九四年十月香港道風山

一個歷史的起點能提供一種永恆意識嗎？
這樣一個起點怎麼可能不止只有歷史的興趣？
永恆幸福能依賴歷史知識嗎？[1]

好好地吊死常常可以防止壞的婚姻。

莎士比亞[2]

1 在手稿中，扉頁上的這段題詞原先是：我怎樣去獲得我的永恆意識的一個歷史起點？對我來說，這一歷史起點怎樣才可以不止只有歷史的興趣？我怎樣才可能將我的永恆幸福建立在歷史知識之上？
德國哲學家萊布尼茲（Leibniz）曾區分了兩類真理：推理的真理和事實的真理，他認為推理的真理是必然的，而事實的真理不可能是必然的。永恆和歷史分別對應了這兩類真理，而永恆和歷史的關係問題則成了宗教與哲學所探討的中心問題。齊克果正是從這一中心問題出發，接連提出了作為扉頁題詞的三個問題。不要以為他將對這三個問題回答一個是與否。他習慣把自己所提的問題當作論述的出發點，而不是當作一個要求明確回答的問題。

這裡所提的問題，其實本身就是個荒謬的問題，它們要探討，永恆的意識是否可以從短幅的歷史起點獲得，也就是說，作為永恆真理的基督教是否會有一個短幅的開端，比如，是否以耶穌作為上帝來到人間為開端。實際上，《哲學片段》各章的討論都圍繞著這個問題。在這段題詞中，「幸福」的丹麥文為Salighed，它具有幸福、極樂、幸運、有福、拯救等多重含義，齊克果更用它意指體現人的智慧與道德的幸福。這種幸福跟蘇格拉底所理解的幸福一致。在柏拉圖的《申辯篇》（*Apologia*）中，蘇格拉底向雅典人表白說：「我力圖規勸你們每個人不要多想實際的利益，而要多關注靈魂和道德的改善；或者說不要多想獲利，而要多關心城邦的改善」（36c），他以為由此能給雅典人帶來真正的「幸福」。*

* 注釋為譯者參照其他譯本的注釋所做。下同。——編者

2 這段話出自莎士比亞（Shakespeare）的喜劇《第十二夜》，譯文引自《莎士比亞全集》第四冊（人民文學出版社，一九七八年版，第十六頁）。劇中伯爵小姐奧莉維亞家的女僕對小丑說，他在外面鬼混，小姐找不到他，會把他吊死，或者把他趕出門，小丑回答女僕說：「好好地吊死常常可以防止壞的婚姻。」齊克果引用這段話，有完全不同的含意。他用來描述自己的心態：通常作品問世後，作者就被「吊」著，這當然是不幸的，但比起作者與整個世界不幸的「姻親關係」來，好好吊死要勝過這種壞的姻親關係。

緒言

這裡提供給讀者的只是一本小冊子，作者自主命題，自負文責，自費出版（proprio Marte, propriis auspiciis, proprio stipendio），[1]他當然沒有資格去自命這是精深的科學事業的一部分。大家都知道，誰一旦從事這種事業，無疑就獲得了合法的資格，身價可爲之一變，坦途可爲之敞開，他大小場合必到，或作指導，或下結論，或做幫手，或做志願者，或成爲一個英雄，至少也可以成爲一個相對的英雄，抑或再退一步，也是一個絕對的吹鼓手。而我所提供給讀者的只不過是本小冊子，即使我像霍爾堡[2]筆下的那位碩士，[3]如果情況允許的話（Volente Deo），另外再接續寫上十七本小冊子，這種狀況也不會因此而改觀。要使它有所改觀的話，只有讓半小時寫篇短文的作者去寫點別的東西，即

---

1 這樣的表述模仿古羅馬思想家西塞羅（Cicero）在《演說集》（*Philippics*）中的口氣。

2 霍爾堡（Ludvig Holberg，一六八四—一七五四）丹麥喜劇作家，有「北方莫里哀」之稱。主要作品有《政治工匠》、《山上的耶柏》、《烏品塞斯・馮・伊塔西亞》、《伊拉思謨斯・孟塔努斯》（*Erasmus Montanus*）等。

3 那位碩士誇口說：「我循著古人的足跡走，其中的證據後天將被發現，那時，如果情況允許的話，我將為我的論文辯護。」

使讓他去寫對開本也行。總之，這篇作品是跟我的才能相稱的，我像如是宣稱的那個羅馬人[4]一樣，也是出於情有可原的動機而不是出於懶惰（**merito magis quam ignavia**）才願意爲現存制度效勞的，我僅僅是恣情個人的愛好（**ex animi sententia**）又樂此不疲的一個並不懶惰的遊手好閒者。但我也不想因爲逃避公事（ἀπραγμοσύνη）[5]而自感內疚，在任何時代逃避公事都是一種政治罪過，尤其是在一個騷動的時代，古時候每遇騷動期間，此罪甚至可懲處死刑。[6]不過，假定由於他人的干預，而確實對自己引起混亂的更大罪過感到內疚——從而使人

---

4 指羅馬政治家和歷史學家薩盧斯特（Sallust，西元前八十六—西元前三十四），他在歷史著作《朱古達戰爭》（*Jugurtha*）中寫道：「他寧可記載史實而不願從事政治，這出於情有可原的動機而不是出於懶惰。」

5 逃避「公事」見蘇格拉底的學生色諾芬（Xenophon）的《回憶錄》（*Memorabilia*）卷三第十一章，蘇格拉底拿自己的悠閒生活開玩笑地說：「……我可是個極不容易得到有閒工夫的人。因為有許多私事和公事簡直使我忙得不可開交。」

6 根據古希臘梭倫（Solon）的法律，拒不參加公民辯論的雅典人，應被剝奪作為一個公民的權利。

留意自己的職責，那對這個人來說豈不更好嗎？那豈不是使每個人自己的腦力工作跟公眾利益恰好一致，並恰好一致得簡直難以確定他在多大程度上是關心自己的利益或是關心公眾的利益。在敘拉古城（Syracuse）被占領時，阿基米德（Archimedes）[7]不是仍泰然自若地坐著，凝視著他的那些圖嗎？並且他那句精彩的話——「不要弄亂我的圖」（nolite perturbare circulosmeos）——不就是對屠殺他的羅馬士兵說的嗎？但沒有這種福分的人應當尋找另一類榜樣。當腓力[8]威脅要圍困科林斯城（Corinth）時，全城居民都緊張忙碌起來，有的在擦亮自己的武器，有的在收集石塊，還有的在修補城牆，第歐根尼[9]目睹這一切，便

---

7 阿基米德（約西元前二八七—西元前二一二），古希臘數學家、科學家和發明家，力學的創始人，當羅馬人攻陷敘拉古城時，他正在沙地上畫數學圖形，不幸被殺。事後羅馬人為他隆重安葬，並在墓地上建有圓球內切於圓柱體的標記，以紀念他對幾何學的傑出貢獻。

8 腓力（西元前三八二—西元前三三八），即馬其頓國王腓力二世。在他童年時，馬其頓王國還四分五裂，他曾一度充當人質，回馬其頓後繼承兄位。他曾建立科林斯同盟，除斯巴達外，希臘各城邦都宣誓遵守盟約，並公認腓力為霸主。

9 第歐根尼（Diogenes Laertius，約西元前四〇〇—西元前三二三），古希臘哲學家，犬儒

迅即束好自己的斗篷，匆匆地滾動他的那個木桶滿街地跑。當被問及爲什麼要那樣做時，他回答說：「我滾我的木桶，這也是在做事，那樣，大家都在忙碌著，我就不會是唯一袖手旁觀的。」如果說，亞里斯多德把詭辯術定義爲賺錢的技藝[10]大體上是正確的話，那麼，第歐根尼的這一舉動至少不是詭辯的。這一舉動至少不致引起任何誤會，因爲實在難以設想眞會有人渴望想把第歐根尼當做這座城市的救星和恩人。因此，當然也不可能眞會有人渴望把具有世界史意義的重要性歸於一本小冊子（那至少在我看來是可能威脅到我的計畫最危險的東西），或去設想這本小冊子的作者，是我們親愛的哥本哈根市民已久久期盼的同姓的戈爾

學派代表之一。他強調避開一切感官享受，認為苦難和飢餓有助於追求善，只有以最簡易方式滿足人的自然需求才能達到幸福。他把這些哲學觀點貫徹於日常生活，為使自己習慣於寒暑的變遷，他住在神廟的木桶裡。齊克果在這裡提及的軼事，出自古希臘哲學家琉善（Lucian）的〈怎樣寫歷史〉一文。

10 亞里斯多德在《論智者的謬誤》（*On Sophistie Fallacies*）中為智者下了這樣的定義：「智者的技藝貌似智慧其實不是智慧，所謂智者就是靠似是而非的智慧賺錢的人。」（165^{a22-23}）

德卡爾布[11]。要是這樣，感到內疚的人也許得生來就是非常愚蠢的，並且很可能由於天天在不斷的你唱我和的大吹大擂中，天天都有人誘使他相信，現在開始了一個新時代，一個新紀元等等，他才會這樣神氣十足地大聲嚷嚷頭腦中那些很少派上用場的綽綽有餘（quantun satis）的平庸見識。他心醉神迷，欣喜若狂，進入了一種亢奮狀態，一種所謂高級癲狂的亢奮狀態；他聲嘶力竭，大喊大叫的總不外這樣一些名詞：時代、紀元、時代和紀元、紀元和時代、體系。[12]這樣被激

---

11 戈爾德卡爾布是丹麥作家和文藝批評家霍爾堡劇本中的來自漢堡的猶太窮商人，他到丹麥時，被誤認為是哥本哈根市民久久期盼的法蘭克福人戈爾德卡爾布（Baron Goldkalb），因此受到熱烈歡迎。

12 這裡影射丹麥知識界對馬登森教授（Prof. Martensen）的吹捧。馬登森是哥本哈根大學神學院的神學教授，他很早就傾心於黑格爾哲學，並和著名的德國哲學家施萊爾馬赫（Schleiermacher）私交密切。齊克果曾在一則題為〈馬登森教授的狀況〉的文稿中寫道：「馬登森教授出國旅行回來迄今近十年了，那次旅行後，他帶來了最時尚的哲學，這新奇的玩意兒頗引起一場轟動——他實際上始終是一位記者和通訊員，而不是一位本色的思想家……他頗引起一時的轟動，並在這段期間，年輕的學生們利用這個機會在印刷品中告訴

起的亢奮狀態簡直失去了理性，看他那興奮的樣子，好像天天所過的日子，還不止是要四年才出現一次的閏日，而像是要千年才逢一次那樣，這種想法就好比在這遊藝節慶裡的一個雜耍人，他必須接連不斷地翻著筋斗，去引得一次次的喝采——直到他自己收場爲止。[13]上天保佑我和我的小冊子不要受這樣一個張揚其事、吵吵嚷嚷的蠢貨的干擾，唯恐他壞了我身爲一本小冊子作者的那份心滿意足的清閒，免得一位好心厚道的讀者盯著這本小冊子問是否有他可以利用的東西，使我處於不得不自認倒楣的尷尬局面，就像腓特烈西亞城（Fredericia）[14]細心的居民在其倒楣透頂的日子裡讀到報上一則本地火災的新聞：「警報聲發出，消防車滿街疾駛」，一定會使人哭笑不得，因爲腓特烈西亞儘管有消防車，但只有一輛，而且這裡的街道也不會多過一條。這報上的新聞不得不使人作這樣的推斷：這輛消防車並不是迅速趕去失火現場，而多半是在街上演習。當然，我的小

公眾，由馬登森開始了一個新時代、新紀元、新紀元和新時代等等。」

13 這裡用不斷翻筋斗來比喻概念的突變，概念的突變是黑格爾的看法。

14 腓特烈西亞城是丹麥瓦埃勒州的港市，瀕臨小貝爾特海峽，建於一六五〇年。

冊子似乎至少也會使人聯想起警報聲的敲響，然而我這個作者卻最不想去發出警報。

但是，我的看法又是什麼呢……不要問我那個問題，我的看法對於別人來說可能是興味索然的，而問我究竟有沒有一個看法倒還可以。對於我，有一個看法是既嫌太多又嫌太少的；它要以生活的平安寧靜爲前提，好比在世俗生活中要有妻子、兒女一樣，而對於一個日夜不寐又沒有一點固定收入的人來說，這些是不可冀求的。在精神世界中，我就是這樣，因爲我要磨練自己，並且總是磨練自己能夠輕快地在思想事業上跳舞，[15]盡可能地向上帝表示敬意，並且爲了我自己的快活而放棄家庭的歡樂和市民的稱譽，放棄利益的共用（communio bonorum）和因爲有一個看法所帶來的沾沾自喜。相反，我由此卻得到什麼報酬呢？我自己就像伺候在祭壇旁的人那樣，僅僅吃一點人家供放在祭壇上的食物嗎？[16]……那

---

15 跳舞的比喻也許指大衛在立約的約櫃前跳舞。據《撒母耳記》下：大衛穿著細麻布的以弗得，在耶和華面前極力跳舞。這樣，大衛和以色列的全家歡呼吹號角，將耶和華的約櫃抬上來。耶和華的約櫃進了大衛城的時候，掃羅的女兒米甲從窗戶裡觀看，見大衛王在耶和華面前踴躍跳舞，心裡就輕視他（6: 14-16）。

16 這比喻可見《哥林多前書》：你們豈不知為聖事忙碌的就吃殿中的物嗎？伺候祭壇的就分

倒是很合我胃口的。像金融家們所說的那樣，我做這樣的事是值得的，這個值得的意思跟金融家們理解的完全不同。不過，倘若有人殷勤過分地去假定我有一個看法，並因爲是我的看法就鼓足勇氣去採納它，那麼，我對於他的好意深感遺憾，因爲這種好意被用在他的一種不足取的看法上，倘若除了我的看法之外他還有一種看法的話。我可以拿自己的生命打賭，我能一點不假地輕忽自己的生命，而不是別人的生命。這是我確實能夠做到的，是我唯一能夠爲思想去做的事，我沒有一點學問，要開價的話，「幾乎不夠收費一德拉克瑪[17]的課程，更不必說高達五十德拉克瑪的課程。」（《克拉底魯篇》）[18]。我的生命完全歸我自己所

領壇上的物嗎（9: 13）？

17 德拉克瑪（drachma），古代雅典的鑄幣，據《牛津古典辭典》，一德拉克瑪重四點三一克。

18 在柏拉圖的《克拉底魯篇》（*Cratylus*）中，蘇格拉底說：「希波尼庫（Hipponicus）的兒子，有位古人說：『善的知識是難的』，而名稱的知識是知識的大部分。如果我從不曾貧窮的話，我本來可以去聽偉大的普羅狄庫（Prodicus）收費五十德拉克瑪的課程，這些課程是文法和語言方面的一種完全教育——這是他本人的話——那樣的話，我本應立刻就能

有，我可以當場拿它去打賭，那樣做在別人看來多少總是一個難題。這樣一來，跳舞就不難了，因爲死的想法是我的一個好舞伴。在我看來，每個人都活得過於沉重，因此我要對天發誓（Per deos Obsecro）並聲明：誰都不要來邀請我，因爲我不想跟他跳舞。

夠回答你關於使名稱正確的問題。但實際上我只聽過收費一德拉克瑪的課程，因此，我有關這一問題的真理並無知識。」（384b）

第一章　思考方案

假設[1]

問題是由無知得連爲他的詢問方式提供什麼理由都不知道的人提出的。

一

眞理是可以學的嗎？我們將從這個問題著手。這是一個蘇格拉底式的問題，或者是由蘇格拉底所提出的美德是否可教的問題轉化而來的，[2]爲什麼這樣說

---

1 在《哲學片段的非科學的最後附言》（*Concluding Unscientific Postscript to Philosophical Fragments*）中，「作者」約翰．克利馬科斯把《哲學片段》稱為一個「想像的建築」。這種想像的特點就在於它是建立在假設的基礎之上，它以「如果……那麼」的方式，試圖突破探索真理過程中傳統的蘇格拉底—柏拉圖的邏輯模式。這一特點也表現在本章的章名「思考方案」中。

2 丹麥文 loeres 既可被譯成「可學」，也可被譯「可教」。在柏拉圖的《普羅泰戈拉篇》（*Protagoras*）中，蘇格拉底說：「普羅泰戈拉，我不相信美德可教。」（320b）在《美

呢，因爲美德接著又被規定爲不可教的悟識（insight，見《普羅泰戈拉篇》、《高爾吉亞篇》、《美諾篇》、《歐緒德謨篇》），就眞理是要去學習的而言，它應當是什麼當然就無從去假定——所以，正因爲眞理是要去學習的，它才被探尋。這裡，我們遇到了蘇格拉底特意在《美諾篇》（80，接近結尾）中稱之爲「好辯的論證」的一種疑難：一個人不會去探尋他所知道的，正如他不會去探尋他所不知道的，因爲他知道了便不會再去探尋，而他同樣不會去探尋他所不知道的，因爲他甚至連他應當去探尋什麼也不知道。[3] 蘇格拉底依據所有知識和

諾篇》（*Meno*）中，美諾說：「蘇格拉底，你能否告訴我——美德是否可教？」（70a）在《歐緒德謨篇》（*Euthydemus*）中，歐緒德謨問：「門徒是學他們所知的，還是學他們所不知的？」（276d）

3 在柏拉圖的《美諾篇》中，蘇格拉底說：「你認識到，你所提出的東西是好辯的論證，即一個人既不能試圖去發現他所知的東西，也不能去發現他所不知的東西。他不能去發現他所知的東西，因為他知道了便沒有必要去探尋，也不能去發現他所不知的東西，因為那樣的話，他甚至不知道他要去探尋什麼。」（80e）

探尋都只是回憶的原理去反覆思考這個疑難。[4]於是，對無知的人就只需要去提醒他，以便讓他自己回憶起他所知道的東西。眞理不是灌輸給他的，而是他原先就固有的。蘇格拉底詳細闡述了這個想法，[5]並且，古希臘人的激情其實就集中

4 在《美諾篇》中，蘇格拉底說：「正因為靈魂是不朽的並且曾多次新生，它已經在這裡和在另一世界學得一切事物的知識，所以它能回憶起先前擁有的對於美德與其他事物的知識，是不必驚奇的。整個自然是同類的，靈魂已經學到了一切，所以當一個人回憶起某一種知識——通常說來就是學得它——時，就沒有任何理由說他不會發現所有其他的東西，只要它鍥而不捨、毫不氣餒地去探尋，因為探尋和學習實際上就是回憶。

因此我們應當不該被你（指美諾——中譯者注）提出的好辯的論證引入迷途。它會使我們懶散，就像頹廢的樂曲。這另一種學說卻能促使人精神飽滿地探尋知識及其令人信服的真理，多虧你促動，我準備就去探究美德的本性。」（81c-d）

5 回憶說是蘇格拉底的學說還是柏拉圖的學說，至今學術界尚未有定論。柏拉圖的早期對話篇較忠實地反映了蘇格拉底的思想，但在那裡，尚沒有出現完整的回憶說，而只出現蘇格拉底的助產術。作為一個完整的學說，回憶說出現在柏拉圖的中後期作品《美諾篇》中，這也許表明，回憶說是柏拉圖的學說，它發展了蘇格拉底的助產術。必須指出，齊克果在

在這種想法裡，因爲這種想法成了對靈魂不朽——請注意，這是可以無窮追溯上去的不朽——的一種論證，或對靈魂先存的一種論證。〔要是單純考慮這想法的話——換句話說，不去考慮（靈魂）先存的種種狀況——那麼這一古希臘人的想法一再出現在古人與近人的思索中[6]：一種永恆的創造，來自上帝的一種永恆的源泉，神性的一種永恆的生成，一種永恆的自我犧牲，一種過去的復甦，一種最後的審判。所有這些想法都是古希臘人對於回憶的想法，儘管這一點總不被注意，因爲在這方面，後人的想法已經又進了一步。要是這想法以標明靈魂先存的種種狀況去分析，那麼，推算永恆的「先存」的想法就類似於相應的對永恆的「後存」的推算。實存（Tilværelse）的矛盾透過假定一個「先存」爲必需（個人因有一個先存的狀況才得有他現世的存在，否則就不能解釋）去說明，或者透

這裡並沒有對蘇格拉底和柏拉圖作任何區別。

6 早在柏拉圖之前，在奧菲士教（Orphic）的教義中和畢達哥拉斯（Pythagoras）的學派中就有靈魂輪迴轉生的說法。此外，歐利根（Origen）、伊里本納（John Scotus Erigena）等中古思想家以及巴德爾（Franz Baader）、謝林（Schelling）、黑格爾等近代思想家也都思考過靈魂先存的問題。

過假定一個「後存」爲必需（個人將更好地生活在另一行星上，由此他現世的狀況又未被解釋）去說明。」[7]

由於這樣，蘇格拉底總是心口如一地顯示出令人驚嘆的連貫性，並文雅地用他所熟知的東西去舉例說明。他一度曾是並且繼續是位助產士，這倒並非因爲他「不作正面回答」（如像當代人所說的那樣，[8]有「正面回答」，就或多或少要妨礙多神論對一神論的消極性的蔑視，因爲多神論理所當然有許多神，而一神論者卻只有一個神。哲學家們有許多想法——這些想法都以一個論點爲依據。蘇格拉底只有一個想法，這個想法卻是絕對的。）而是因爲他領悟到，這種關係是一個人跟他人所可能有的最高關係，並且在這一點上，他其實是永遠正確的，因

---

7 在柏拉圖的《斐多篇》（*Phaedo*）中，蘇格拉底說：「假若我們真的是在出生之前就獲得了我們的知識，並且在出生的時刻失了它，後來又透過我們的感覺運用於可感覺物體，重新獲得我們以前曾擁有的知識，那麼我想，我們所說的學習，應該是重新獲得我們自己所曾擁有的知識，我們稱此為回憶無疑應當是正確的。」（75e）

8 指黑格爾和某些黑格爾主義的說法，他們認為對於蘇格拉底，重點要放在他作否定回答時的思想與行為。

爲儘管一個神聖的起點曾被提出過，但要是去悉心思考絕對，並且不去玩弄非本質的東西，而是眞心誠意地摒棄認識——這認識似乎折衷了人的習性和體系的奧祕——那麼，這種關係就總是人跟人之間的眞正關係。無論如何，蘇格拉底是由神（the God）[9]親自去考察的一位助產士。他所從事的這項工作是神的委託（見柏拉圖的《申辯篇》），[10]雖然他也給人留下一個再奇怪不過（atopwtatos，《泰阿泰德篇》149）的印象，而神的意圖，如蘇格拉底也知道的那樣，是禁止他生育〔μαιεύεσθαί με ὁ θεός ἀναγκάζει, γεννᾶν σέ ἀπεκώλυσεν（神督責我接生，禁止我生育），《泰阿泰德篇》150c〕，因爲在一個人和另一個人之間還

9　這裡和《哲學片段》其他地方（除極少數例外）都用丹麥文Guden，一個帶定冠詞的名詞，以強調跟蘇格拉底—柏拉圖相連繫的神。

10　在《申辯篇》中，蘇格拉底說：「雅典人啊！如果當你們這些官雖選擇命令我，指定我的位置在波提狄亞（Potidaea）、安菲波利（Amphipolis）和德立昂（Delium），我會像任何其他人一樣堅守我的職責並去面對死亡，但後來，像我所假定和相信的那樣，神（the God）委託我指導哲學生活及審察我自己和他人的職責，於是我害怕死和其他的危險會貽誤我的職責。」（28d-e）

有至高的神；生育實際上是神的事情。[11]

在蘇格拉底看來，任何一個時間上的起點當然（eo ipso）是偶然的，一個不斷消逝的點，一個機緣。教師也不例外，如果他以任何別的方式交出的是他本人和他的學問，他就不是交出而是取走。那麼，他甚至不是別人的朋友，更不必說是別人的教師。蘇格拉底思想的深刻，他那澈底高貴的人格，就在於他並不自命不凡地追逐跟有才華的人爲伴，而是讓人感到他就像是皮革匠的一個親戚，所

---

11 在柏拉圖的《泰阿泰德篇》（*Theaetetus*）中，蘇格拉底說：「我的接生術與他們的在其他方面相同，只是我施於男，不施於女，伺應生育之心，不伺應生育之身。我的技術最偉大處，能從各方面檢驗少年心思，究竟生產幻想錯覺，還是真知灼見。如她們之不生子，我是智慧上不生育的；眾人責備我盡發問題，自己卻因智慧貧乏，向無答案提出——責備得對啊。原因在此：上帝督責我接生，禁止我生育。因此，自己絕不是有智慧的人，並無創獲可稱心靈的止息；然而，凡與我盤桓者，或其初毫無所知，與我相處日久，個個蒙上帝啓示，有驚人的進步，自己與他們都覺得。顯然，他們不曾從我學到什麼，自己內心發現許多的東西，生育許多為子息。上帝與我只為他們負責接生。」（150b-d，商務印書館一九六四年版）

以，他很快「得以認識到，對自然的研究並非人所要關切的事，並因此開始在作坊和市場上進行有關倫理的哲學探討」（第歐根尼．拉爾修[12]，卷二，第二十一節）。[13]而這種哲學探討是跟他的那些交談者一起進行的一點不假。他跟一知半解的人探討，跟喋喋不休的人探討，跟有點主見和一無主見的人探討，彷彿他這人在一定程度上欠了別人什麼似的，同時又在一定程度上不欠什麼似的，除了「在一定程度上」這句話的意思外，其他的說法都是含糊的——儘管這一切，人們並沒有超過蘇格拉底或達到啓示的概念，而僅僅停留在空談之中。在蘇格拉底看來，每個人本身就是中心，而整個世界都只集中在他身上，因爲他的認識自己就是認識上帝。[14]此外，蘇格拉底也是這樣去了解自己的，在他看來，每個人也

12　第歐根尼．拉爾修（約二〇〇—二五〇），希臘哲學史家，所著《名哲言行錄》（*Lives of Eminent Philosophers*）為後世研究古代哲學家及其學說的重要依據之一。

13　據《名哲言行錄》的英譯本（R. D. 希克斯譯，紐約，一九二五年版），這段話為：「他在作坊和市場討論道德問題，使人確信，對自然的研究和我們沒有任何關係。」

14　齊克果的這個看法顯然受笛卡兒和黑格爾的影響。笛卡兒認為觀念表象自己，也表象上帝。黑格爾在《哲學史講演錄》（*Vorle sungen über die Geschichte der Philosophie*）卷三

應當這樣去了解自己，應當依靠那種認識，始終不亢不卑地去了解他跟每個普通人的關係。爲了那個目的，蘇格拉底無所顧忌，泰然自若地去充實自己，而在跟其他人的關係中，他也無所顧忌，泰然自若地使這種關係甚至對最愚鈍的人也不失爲機會。多麼難得的雅量——這在我們這個時代也是難得的，在我們今天，牧師要比執事高出一階，任何第二人稱都是一個權威，而所有這些等級差別以及所有這種不可小看的權威都中介[15]於共同的瘋狂和共同的毀滅之中，這裡的原因就

中強調了笛卡兒的這一觀點。

---

15 中介是黑格爾的專門術語 **Vermittelung**，指對立面在一個更高統一體中的一致。黑格爾在《大邏輯》中指出：「這樣有了中介的有，我們為它留下了『存在』（Existence）這一名詞。」（商務印書館版，第八十二頁）「這個由於根據和條件而有中介，並由於中介的揚棄而與自身同一的直接性，就是存在。」（商務印書館版，第一一四頁）「所以對比的真理就在於中介，它的本質是否定的統一；在這統一中，無論反思的或有的直接性都被揚棄了。」（商務印書館版，第一六二頁）「純理念的這個最初的決定，即規定自身為外在的理念，但這樣建立自身，卻僅僅是中介，概念從這個中介把自身提高為自由，從外在性出來而進入自身的存在；概念的得到自由，在精神科學中，透過自身完成了，並且發現在邏

在於，沒有一個人眞正是個權威，或者眞正作爲一個權威去使別人受益，或者眞正做到使他的下屬心悅誠服，其實不擺點權威架子反倒更成功，因爲由一個傻子而不是權威帶幾個人一起趕路是從不出事的。

假若學習眞理也是這樣的話，那麼，我事實上是從蘇格拉底那裡學到眞理，還是從普羅狄科[16]抑或是從一位女僕那裡學到眞理，那都可能只是從歷史的角度上跟我有關，或者——就我具有像柏拉圖那樣的熱情而言——從詩人的角度上跟我有關。但這種熱情儘管是美好的，儘管我希望自己和別人具備這種只有斯多噶

輯科學中作為以概念理解自身的那個純概念就是它本身最高的概念。」（商務印書館版，第五五三頁）

16 普羅狄科（Prodicus，約西元前四六五或四五五—？），開奧斯（Ceoas）人，古希臘智者，蘇格拉底的同時代人。以發表演說和教授學生為生，收費高昂。致力於倫理研究，持人本主義觀點。

派哲學家[17]曾告誡人們要提防它的熱情的氣質（ευκαταφορια εις παθος），[18]儘管我沒有蘇格拉底的雅量和克制去考慮它的空虛——蘇格拉底還是會說，這種熱情仍然是一種錯覺，實際上幾乎都是人世的差別在人的內心所激起的波瀾。蘇格拉底或普羅狄科有這種或那種教導，這一事實對於我來說可能都僅僅只有歷史的興趣，因爲我所信賴的眞理是在我心中的和出自我心中的。即使是蘇格拉底也不可能把眞理交付給我，充其量像馬車夫那樣只能去卸除馬的負載，儘管他要透過鞭打才能幫助馬卸去負載。〔我從《克利托芬篇》（*Clitophon*）所引的這段話只是當做第三者的一個評論，因爲這篇對話被認爲是僞作。克利托芬嘆息，蘇格拉底對美德只是一味去激勵（προτετρεραμμενος），所以從那一刻起，他通常總是推薦美德，聽任每個人自己。克利托芬相信，這樣做有其基礎，或者在於蘇格拉底的不去多知，或者在於他的不想去多傳授。（見四一〇節）〕

---

17 斯多噶派哲學家（the Stoic），希臘化時期和羅馬帝國時期的一個哲學學派。主要宣揚服從命運和泛神論思想。

18 這個措辭出自鄧尼曼（Tennemann）的《哲學史》卷十，第一二九頁。

我跟蘇格拉底和普羅狄科的關係不可能影響到我的永恆幸福，因爲在我剛出生還對眞理一無所知時，永恆幸福反過來因我原本固有的眞理而已經被賦予了。要是我想像自己在另一個生命中遇見蘇格拉底、普羅狄科或者女僕——這對他們中的任何一位來說也是機會不再來的——我就會像蘇格拉底那樣，毫無懼色地表達以上這個想法，蘇格拉底說，即使在地獄中，他要做的也只是去提問題，因爲整個發問都貫穿著這樣的想法，那就是被問的人自己應當擁有眞理，並且靠他本人去獲取眞理。時間的起點是毫無意義的，因爲在這同一瞬間，我發覺自己已經知道眞理來自對眞理的全然不知，而在這同一片刻，那瞬間又被隱沒在永恆之中，[19]它就這樣被呑沒在永恆中，可以這樣說，即使我想去尋覓，也絕不可能找到它，因爲上窮碧落下黃泉，兩處茫茫皆不見，有的只是天地之悠悠（an ubique et nusquam）。

---

19 齊克果在《哲學片段》中所使用的「永恆」（the eternal）概念，跟西方哲學史上的「永恆」概念一脈相承。如：柏拉圖的《蒂邁歐篇》（*Timaeus*）:「過去和將來由時間樣式所創造，對此，我們無所知覺反而錯誤地轉而為永恆存在。」（37-38）黑格爾在〈費希特和謝林的哲學體系的差異〉一文中說:「時間的真正中止是無始無終的現在，即永恆。」

二

假設情況與以上所說不同的話，那麼這時間中的瞬間，就必定具有我在任何時刻都將不會忘卻的決定性意義，既不會在時間中忘卻，也不會在永恆中忘卻，因爲永恆——原先並不存在的東西——是在那個瞬間得以實存（blevtil, came into existence）[20]的。讓我們接著就以這個假設爲前提去考察下述問題所涉及的關係：眞理是可以學到的嗎？

1. 先前的狀態

我們從蘇格拉底的疑難著手：一個人怎麼能去探尋眞理，因爲不管這個人去不去探尋，事實上都同樣不可能探尋到眞理。蘇格拉底的思想方式有效地取消了

---

20 丹麥文 blevtil 涉及生成（becoming）和存在（being）的時空方式。瞬間是永恆的一個兒子，它的意義，跟時間的短暫片刻的意義，有性質上的不同。實存（Existence）是存在的一種方式。

去探尋還是不去探尋的選擇餘地，因爲在他看來，每個人原本就擁有眞理。那就是蘇格拉底的解釋。我們已經看到有關瞬間的結論。現在倘若這是獲得決定性意義的瞬間，那麼探尋眞理者直到這一瞬間之前必定還沒有眞理，即使他看起來也不像全然無知，要是他眞全然無知的話，這瞬間就成了純粹偶然的瞬間；而他甚至就不應當是一個眞理探尋者。這就是我們必須去說明這一疑難的原因，要是我們不希望像蘇格拉底那樣去解釋這疑難的話。所以，他應當被說成是處在眞理之外（不是像一位改信他教者那樣朝它走去，而是離開它），或者被說成是沒有眞理的。那麼，就當他是沒有眞理的吧。但那樣的話，他又怎樣去回憶起眞理呢？或者說，使他回憶起自己所不知的從而也不可能回憶得起來的眞理，有什麼辦法？

2. 教師

即使教師成了喚起門徒回憶的機緣，教師也不可能幫助門徒回憶起自己原本就知道眞理，因爲門徒其實是沒有眞理的。正由於門徒是沒有眞理的，教師才得以有可能成爲喚起門徒去回憶的機緣。但憑藉這種回憶，門徒顯然比他尚不知自己沒有眞理時，更不用去接受眞理。因此，正由於教師以這種方式喚起門徒的回憶，反而把門徒推開，除非在這個問題上讓門徒轉向他自己，否則他是不會發現自己原本就知道眞理，而只會發現自己沒有眞理。對於這種觀念行爲，適用以下蘇格拉底的原理：不論教師是誰，即使他是上帝也好，他都僅僅只是一個機緣，因爲只有我自己才能發現自身是沒有眞理的，而且只有當我發現自身沒有眞理時，這種沒有眞理的眞相才會被發現，即使全世界都知道我沒有眞理，對這種沒有眞理的發現也絕不會早於我自己去發現之先（按照對瞬間所假定的預設，這種自我發現成了跟蘇格拉底思想方式的唯一相似點）。

現在，要是門徒打算去獲得眞理，教師就應該爲他帶來眞理，但光是這樣還不夠。他同時還應當提供門徒認識眞理的條件，倘使門徒本人就是認識眞理的條件，那麼，他就只需要去回憶就行了，因爲認識眞理的條件是跟能夠去探問眞理相接近的——這認識眞理的條件和對眞理的探問包括了有限制的條件和答案（要是不這樣的話，那麼就只能按蘇格拉底的方式去理解瞬間）。

但是，一位教師絕不可能做到既賦予門徒眞理，而且還提供門徒條件。一切教育最終取決於條件的存在；要是門徒本身缺乏條件的話，對一個教師來說，就一籌莫展，因爲那樣的話，教師在施教之前，還必須得去改變而不是改善門徒。但沒有一個人能做到改變別人；倘使眞要這樣做的話，那就應當由上帝親自去做。

現在，由於門徒確實存在（er til），他其實是被造就而成的，所以，上帝必定已經賦予門徒認識眞理的條件（要不然的話，門徒或許原本只是個動物，而在教師賦予其條件連同賦予其眞理後，或許才第一次使他成爲人）。但就瞬間具有決定性意義而言（要是不假定這一點，那麼，我們其實就仍然未逃出蘇格拉底的框架），門徒很可能缺少條件，因而失去條件。這不可能是出於上帝的作爲（因爲這是一個矛盾）或出於偶然（因爲低級的東西眞要勝過高級的東西就是一個矛盾）；所以，這應當出於他本人。倘若他不是出於本人的原因而失去條件，倘若他不是出於本人的原因而處於這種失去條件的狀態，那麼，他就可能只是偶然地占有條件，而那樣的話，就成了一個矛盾，因爲作爲眞理的條件是一種本質而非偶然的條件。於是，沒有眞理並非只是在眞理之外，而是對眞理的抗辯，這一點被表示爲這樣的說法，即他本人已喪失了條件和正喪失著條件。

因此，只有上帝本身才是教師，上帝起了機緣的作用，上帝提醒門徒回憶起自己是沒有眞理的，而這種沒有眞理又是因爲門徒自己的過錯。但我們可以把這種由於他自己的過錯而沒有眞理的狀態稱作什麼呢？我們可以把這種狀態稱作罪。

因此，教師就是上帝，上帝賦予門徒條件，並賦予門徒眞理。那麼，我們又將怎樣去稱呼這樣一位教師呢？因爲我們完全承認，這樣一位教師已遠遠超出了通常對教師的界說。由於門徒只是因他自身的過錯（並且按照前面的說法，他不可能有相反的做法）而處在沒有眞理的狀態，他看來似乎是自由的，因爲能任憑自己這樣做當然就是一種自由。然而，他其實是不自由的，被束縛的和被拒絕的，因爲沒有眞理其實就是遭拒絕，而因自作自受遭拒絕，其實就是受束縛。因爲他受自己的束縛，才無法放縱自己或聽任自己，由於那束縛自身的也應當能隨意去解脫自身，而那束縛自身的就是他本人自己，所以他肯定能做到解脫自身。不過，他首先應當有這個意願。而剛才已假定，他是在內心深處被喚起回憶的，因此，那位教師成了使他去回憶的機緣（這一點絕不應當忘記）——剛才已假定，他有解脫自己的意願。那樣的話（要是有這個意願，他就會親自去實現這個意願），他受束縛就成了往昔的狀態，在這得到解脫的瞬間，這種狀態就會全然消失。他可能完全沒有覺察到，他曾束縛過自己，而現在又使自己得到解脫。我們將慢慢來——畢竟沒有必要趕緊。慢慢走，有時確實達不到目的地，但走得過快，有時也會走過頭。我們將多多少少以希臘人的方式去討論這個問題。假使有個小孩得到別人送他的一點錢——這點錢剛好能買，比如說一本有趣的書，或者買一件價錢一樣的玩具——他買了玩具，這樣，他還能用同樣的錢去買書嗎？當然不能，因爲現在這筆錢已被花掉了。但他可以走到書商面前，問他是否願意用書換自己的玩具。假使書商回答說：「好孩子，你的玩具是沒有價值的；要是你還有錢的話，你當然可以像買玩具那樣去買書，至於玩具嘛，它的麻煩就在於，你一旦買了它，它就失去了所有價值。」這小孩大概不會認爲：書商這樣的回答太不可思議。假使有人能買自由和同等代價的不自由——並且也只有選買其中一樣的機會——而且代價是靈魂的自由選擇和這一自由選擇的放棄。他選擇了不自由，但要是他接著又走到上帝面前，問是不是可以掉換一下，上帝大概就會這樣答覆他：如果要買你想要的東西，當然會有一個機會，至於不自由，妙就妙在，一旦買了它，它就不再有任何價值，縱然有人爲它付出同樣的代價。我不知道這個人會不會說：「這太不可思議了。」抑或假使有兩支敵對的軍隊相遇，這時又來了一個騎士，雙方軍隊都請他加入自己這一邊；他選擇了一方，但這一方軍隊卻打了敗仗，他也當了俘虜。騎士被當作俘虜帶到勝利者面前，按照當初提供給他並足以讓他去效勞的條件而論，他是愚蠢的，我不知道勝利者會不會說：「親愛的騎士，你現在成了我的俘虜，不錯，你原本可以有不同的選擇，但現在一切都改變了。」這其實一點也不奇怪！要是不這樣的話，要是瞬間不具有決定性意義的話，那麼，小孩原本眞該去買書的，他只是不了解這一點，才一時想錯而買了玩具；騎士原本眞該去幫另一方軍隊打仗的，他只是一時迷惑才沒有明白過來，並且現在才想到自己實際上站到了他們的俘虜這一邊——「墮落的人和有道德的人大概都自己支配不了自己的道德狀況，但他們最初都有能力去讓自己成爲墮落的人或者成爲有道德的人，正像一個扔石頭的人，在他扔石頭之前完全能支配這塊石頭，而他一旦扔了出去就再也支配不了這塊石頭。」（亞里斯多德）[21]要不然，扔（石頭）就成了一個錯覺，並且，扔的人，任憑他怎樣去扔，手裡總要拿著石頭，因爲就像懷疑論者所說的「飛矢不動」中的「飛矢」，[22]石頭也是

21 見亞里斯多德，《尼各馬可倫理學》，卷三，第五節，**1114a**。

22 指古希臘埃利亞學派哲學家芝諾（Zeno，約西元前四九〇—西元前四二六）的「飛矢不動」的論證。這是芝諾反對運動的四個論證之一，其他三個論證分別是：二分法（dichotomy）、阿基里斯（Achilles）和運動場（Stadium）。德國學者策勒爾（Zeller）對「飛矢不動」的論證作這樣的解釋：「因為每一瞬間飛矢總是處於同一空間，這樣，在其飛行的每一瞬間它是靜止的，因此在整個飛行時間內它是靜止的。」（參策勒爾，《古希臘哲學史綱》，山東人民出版社版）
認為芝諾是懷疑論者的說法出自第歐根尼．拉爾修的《名哲言行錄》：「他們發現色諾芬（Xenophanes）、埃利亞的芝諾、德謨克利特（Democritus）都是懷疑論者。」（卷九，

不飛的。

照這樣的思路，瞬間就根本不具有任何決定性的意義，而這一點正是我們想要用來作爲假設的。按照這個假設，他因此將不能使自己解脫。（並且，確實也正是這樣，因爲他把自己的力量用在不自由的事務上，因爲他只有在不自由的事務上才眞正是自由的，並且，這樣就增強了不自由的合力，使他成爲罪惡的奴隸。）[23]

那麼，我們應當把這樣一位再次給門徒提供條件又提供眞理的教師稱作什麼呢？讓我們稱他爲一個拯救者，因爲他確實把門徒從不自由中拯救出來，把門徒從自身中拯救出來。讓我們稱他爲一個救助者，因爲他確實救助了自我束縛的人，可以說，幾乎沒有比自我束縛更可怕的，幾乎沒有比這種束縛更難以打破

第七十二節）

23 見《約翰福音》：耶穌回答說：「我實實在在地告訴你們，所有犯罪的就是罪的奴僕。」（8:34）
見《加拉太書》：「基督釋放了我們，叫我們得以自由，所以要站立得穩，不要再被奴僕的軛挾制。」（5:1）

的，以致個人才會把自己束縛起來！不過，即使這樣也不足以說他眞是因他的不自由而犯了什麼罪過，如果那位教師提供了條件和眞理給他，教師就成了幫他遣散因鬱鬱作祟罪惡感而生的忿怒的一個和解人。

像這樣一位教師，門徒是永遠不會忘記的，因爲他可能在那個瞬間又再次沉淪在自身之中，就像一度具有這條件，然後忘了上帝存在而沉淪在不自由之中的人那樣。倘若他們會在另一世中相遇的話，那位教師大概會再次提供條件給未曾接受條件的人，但對曾一度接受過條件的人則另當別論。條件終究是被交付的東西，因此接受條件的人始終要記這個帳。但像這樣一位教師，我們應當把他稱作什麼呢？一個教師當然可以評估門徒是否有所長進，但不可以對門徒下論斷，因爲他要信從蘇格拉底的想法，才足以領悟到，自己不可能提供實質的東西給門徒。於是，那位教師實際上不是教師，而是一位評判員。甚至當門徒已經最充分地得到條件，並因此而得以沉浸在眞理中之時，他還是絲毫不會忘記那位教師，或者聽任他像蘇格拉底那樣不復存在，這遠比所有過時的恭敬揖讓和盲目崇信更深刻——說眞的，倘若別的都是假的，這卻是至高無上的。

那麼，此刻就是瞬間，像這樣的一個瞬間是獨一無二不復再來的。作爲瞬間，它當然是短暫的，作爲瞬間，它就像下一刻的瞬間那樣，是奄忽即逝的，然而，它卻是決定性的，是充滿永恆的。像這樣的一個瞬間得有個專門名稱，讓我們稱它爲：時候滿足。[24]

3. 信徒[25]

如果門徒眞是沒有眞理的（否則我們就要回到蘇格拉底的想法上），但他總還是一個人，並且，他現在接受了條件和眞理，當然，他並非頭一回成爲一個人，因爲他已經是個人了；但是他卻成了一個不同的人，這並不是開玩笑——彷彿他成了和以前同樣性質的另一個人——而是他成了性質不同的一個人，抑或我們也可以稱之爲一個新人。

因爲他是沒有眞理的，所以他不斷處在跟眞理不合的過程之中；作爲在瞬間裡接受條件的一個結果，他的人生歷程截然變了方向，或者說，他被轉了

24 見《加拉太書》：「及至時候滿足，上帝就差遣他的兒子，為女子所生，且生在律法之下。」（4:4）

25 丹麥文 **Discipel** 有「信徒」、「追隨者」、「學生」、「門徒」、「徒弟」的意思。

一百八十度。讓我們把這種改變稱作歸正，雖然這是迄今爲止還未用過的一個詞；但我們正是爲了避免混淆才選中它的，因爲這個詞好像是專爲我們談論這種改變才創造出來的。

因爲他是由於自己的過錯才處在沒有眞理的狀態之中，要不是這已同化到他的意識之中，或者，要不是他最終發覺，這是由於他自己的過錯，並帶著這種意識他才告別自己往昔的狀態，這種歸正是不可能發生的。要不是這個人感覺到悲哀，他又怎麼會去告別他往昔的狀態呢？而這悲哀當然是因他曾經如此長久地處在往昔狀態之中才產生的。我們可以把這種悲哀稱作悔悟，截然變向就是悔悟，那其實是幡然回首，但不過正因爲這樣才加快了奔向前面的步伐！[26]

因爲他處在沒有眞理的狀態之中，並且現在在接受條件的同時又接受了眞理，所以他內心所產生的一種變化，就像從「無」到「有」的變化，而這種從

26 見《腓立比書》：「弟兄們，我不是以為自己已經得著了；我只有一件事，就是忘記背後，努力面前的，向著標竿直跑，要得上帝在基督耶穌裡從上面召我來得的獎賞。」（3:13-14）

「無」到「有」的轉變實際上是一種從「無」生「有」的轉變。但已經存在的這個人不可能再被生下來，然而他卻眞的被生了出來。讓我們把這個轉變稱作重生，他因重生而又一次像剛生下來那樣進入世界——一個對他生而來到的世界還一無所知的人，他不知道，這個世界是否有人居住，在這個世界上是否還有其他的人，因爲我們大概有可能一起（en masse）接受洗禮，卻絕不可能一起得到重生。正像由蘇格拉底的助產術生下自己，並因此而忘了世上的其餘一切，和在一種更深刻的意義上絲毫不受惠於他人的那個人一樣，這個獲得重生的人也絲毫不受惠於他人，但卻全都受惠於那個非凡的教師，並且就像換了一個人，他因爲自己而忘了整個世界，同樣他也因爲這個教師而忘了他自己。

於是，如果瞬間眞有決定性意義的話——又如果我們只是像蘇格拉底那樣去說，瞬間沒有決定性意義的話，儘管我們用了許多陌生的詞彙，儘管我們總是不明白要假定讓自己脫離那位純樸智慧的人，這個人比米諾斯[27]、埃阿科斯[28]和拉

27 米諾斯（Minos），克里特島之王，宙斯之子，死後為陰間三判官之一。

28 埃阿科斯（Aeacus），宙斯之子，死後為陰間三判官之一。

達曼提斯[29]更公正執著地去辨明神、人和他自己，總之，不管我們怎樣說，那裂痕反正已經出現了，這個人不可能再回來，而要在記憶中把他招來也無濟於事，何況他靠自己的力量就能夠再次把神吸引到自己這邊。

但這裡所說的一切是可以想像的嗎？我們將不忙著去做出回答，因爲百思而不得其解的人並不是唯一不去回答的人，一個以應答出奇快捷著稱，但在回答之前不愼思明辨其疑難的人也同樣無異於不去回答的人。我們在回答之前，先要問應該由誰來回答這個問題。這個「存在的人又被生了下來」的問題——是可以想像的嗎？是的，爲什麼不可以呢？但假定由誰去思考哪位是被生的人或者哪位是不被生的人呢？不被生的人當然是沒有理性的，任何人都不會想到他，因爲被生的人肯定是不會想到「不被生」這一概念的，當被生的人想到自己是被生的，他當然就會想到這種從「無」到「有」的轉變。這種情況就應該如同重生。或許這個問題會因以下這個問題而變得更加困難，即在這種重生之前的「無」是否比在

---

29 拉達曼提斯（Rhadamanthus），宙斯之子，米諾斯的兄弟，生前主持正義，死後為陰間三判官之一。

誕生之前的「無」更是一種存在呢？那麼，假定由誰去思考這個問題呢？當然，應該由得到重生的人去思考這個問題，要是認爲應當由沒有重生的人去思考這個問題，那也許是荒唐的，要是沒有重生的人也不能想到這個問題的話，那豈不就成無稽之談了嗎？

要是一個人原本就具有認識眞理的條件，那麼他就會想到，他之所以這樣，是上帝所爲。[30]要是他處在沒有眞理的狀態，那麼，他當然應該想到這是他本人的狀態，並且，除了這種狀態，回憶也不能幫助他去想起其他任何東西。瞬間應當決定他是否有進一步的造就（儘管瞬間在使他覺察到自己沒有眞理這方面已經起了作用）。要是不了解這一點的話，他就應該歸於蘇格拉底一類，雖然他自以爲大有造就的看法會給聰明的蘇格拉底帶來很多麻煩，每當蘇格拉底爲打消人們的這類愚蠢念頭（ἐπειδάντινα λῆρον αὐτῶν ἀφαιρῶμαι）時，總要惹來頗多麻

30 齊克果的這一觀點受笛卡兒的影響，笛卡兒在《關於第一哲學的沉思》中說：「現在，在我心中的這些觀念中除了向我自己表象我自己的觀念外……還有另一個觀念向我表象上帝……我對上帝的意識應當優先於對我自己的意識。」（阿姆斯特丹，一六七八年版，第十九、二十一頁）

煩，有些人還眞的想去咬他一口（見《泰阿泰德篇》151）。[31]

一個人覺察到他在瞬間被生了下來，因爲他不再去理會自己在這瞬間之前的狀態，其實就是「無」的狀態。他覺察到在瞬間重生，因爲自己在這之前的狀態其實處在「無」的狀態。要是在這之前，他已經處在「有」的狀態，那麼瞬間無論如何都不可能具有對他來說是決定性的意義，就像上面所解釋的那樣。古希臘人的激情集中在回憶上，我們這個思考方案的激情卻集中在瞬間上，這不足爲奇，因爲充滿極度激情的質料不正是從「無」的狀態中得以實存的嗎？

誠如你所看到的，這就是我的思考方案！但或許有人要說：「這是最荒謬不過的方案，或者說得更確切些，你是最荒謬不過的方案迷，因爲儘管也有人提出過愚蠢可笑的方案，但至少有一點總是眞的，即他是這個方案的提出者。而你卻相反，表現得好像一個無賴，這無賴因爲指點了一塊人人都見得到的空地而要收

---

31 在柏拉圖的《泰阿泰德篇》中，蘇格拉底對泰阿泰德說：「我跟你細說這段故事，因我疑你在分娩中。我嗣守吾母之業為產婆，請就我，我將為你接生。倘把你的頭胎愛子取而棄之，莫咬牙切齒相向，如婦人所為；我對你的舉動出於好意，寓於我心的神雖不許我匿偽飾真，卻亦與世人為友。」（151，商務印書館，一九六四年版）

一筆酬金，你又像爲一筆酬金而在下午展出一頭公羊的人，這頭公羊在上午是任何人都能免費看到在空曠牧場上吃草的羊」——「或許眞是這樣，我羞愧得低下了頭。但假定我眞是如此荒謬可笑，那麼就讓我用一個新方案去重新把事情弄好吧。眾所周知，在許多世紀之前，黑色火藥就被發明了，所以，倘若我自稱已經發明了它，那或許是荒謬可笑的。但要是我假設有人發明過它，這也能說是荒謬可笑的嗎？現在，我就打算恭恭敬敬地去設想，你是發明了我的方案的人——你不可能期待有比我更恭敬的了。或許，你要否認這個設想，眞那樣的話，你也要否認有人——換句話說，有某個人——發明過它嗎？假如你不否認的話，那麼，我恰恰就像任何別的人那樣接近於發明過它。這樣，你對我生氣就不是因爲我不老實地把屬於別人的東西歸之於我自己，而是因爲我不老實地把不屬於任何人的東西歸之於我自己，並且你是在我撒謊說要把這發明歸之於你的時候生氣的。像這樣存在一類的東西不是很奇怪的嗎？任何了解存在的人也都知道，他沒有發明過存在，而且，這種『跑下一家』的遊戲[32]是不暫停或者不能暫停的，即使這個

---

32 丹麥人稱之為 **Gnavspil** 的一種遊戲，遊戲者持有帶一個房子圖像的假硬幣，他要是不想進行交換，就說：「跑下一家。」

人打算跑到每個人那裡。然而，像存在這樣奇怪的東西卻使我非常著迷，因為它檢驗和表明了我所作假設的正確性。實際上，要求一個人獨自去發現他並不存在是毫無理由的。但這種轉變正好是從不存在到存在的重生的轉變。他後來是否認識到這一點當然沒有什麼關係，倘若有人只是由於知道怎樣去使用黑色火藥，知道怎樣去分析這種火藥的成分，那並不意味著他發明了它。那麼，你就生氣吧，對我生氣吧，對其他任何自稱發明了它的人生氣吧，但你千萬不要因此而對這個想法生氣。」

第二章　身爲教師和救世主的上帝

——一個詩人的冒險[1]

1 《哲學片段》作為一個「想像的建築」，其構想者，當然就是一個詩人。正是在這個意義上，「作者」克利馬科斯常自稱「詩人」，並把《哲學片段》稱為一首詩。

讓我們思考一下蘇格拉底，[2]他實際上也是一位教師。他生於一個特定的處境，受到家鄉父老的薰陶；他到了更成熟的年紀，便受到一種召喚和激勵，開始以自己的方式去開導別人。蘇格拉底一度是個尋常人，一旦時機看來成熟時，他就以教師身分的蘇格拉底出現。他本人受周圍環境的影響，同樣，他也對周圍環境施加自己的影響。他內心對自己所提的要求，就像別人可能要求於他的那麼多，爲了完成他的任務，他都同樣的給予滿足。以這種方式去理解——而這實際上就是蘇格拉底的認識——教師介於一種交互的關係之中，因爲生命及其處境是他成爲一個教師的機緣，而他同樣又是別人學到一點東西的機緣。因此，他的關係總表現出自療（autopathy）的特點，就像感應對等的特點那樣。[3]蘇格拉底也是這樣去認識這一關係的，因此他拒絕爲從事教育而接受榮譽、地位和金錢，因爲他斷定對這一切無動於衷的人是收買不了的。多麼難得的知足——這在當今更

2 如果說，在上一章中，更多地從認識論方面討論蘇格拉底，那麼在第二章，則更多地把蘇格拉底描寫成實踐的教師。

3 感應是相互對等的，因此，教師也是學生，學生也是教師。

爲難得，當今教育界的貪婪是再多的金錢和榮譽都滿足不了的，而它又只配用這世上的黃金和榮譽去酬賞，因爲它們是等價的。但我們的時代畢竟有講究實際的一面，並且有這方面的行家，而蘇格拉底就缺乏這一面。[4]但要評價這種缺乏是否說明他的褊狹，那大概要以他熱衷人類的事務，以及他用跟訓誡別人一樣之神

---

4 這也許指黑格爾和黑格爾學派批評蘇格拉底缺乏積極的方面。比如，我們可以舉黑格爾在《哲學史講演錄》卷二的兩段話，他說：「善是一個自身具體的原則，不過這個原則的具體規定還沒有被表達出來；在這種抽象的態度中，存在著蘇格拉底的原則的缺點。積極的東西沒有講出來，因為善沒有得到進一步的發展。」他還說：「我們所看到的，毋寧說只是現存法律在消逝；我們首先遇到的乃是：由於培養反思的意識，那在意識中有效的東西、習俗、合法的東西都發生動搖了。在這裡可以舉出，阿里斯多芬（Aristophanes，約西元前四四六—西元前三八五，古希臘喜劇作家——譯者注）就是從這個消極的方面來理解蘇格拉底哲學的。阿里斯多芬對蘇格拉底的片面性的這種認識，可以當作蘇格拉底之死的一個極好的前奏，它說明了雅典人民如何對他的消極方式有了很好的認識，因而將他判處了死刑。」（北京生活·讀書·新知三聯書店，一九五七年版，第六十二頁，第七十六頁）

的妒忌[5]來訓誡自己，並因此作爲熱愛神的根據。在一個人和另一個人之間，這是最高的關係：學生是教師了解自己的機緣，教師是學生了解自己的機緣；教師死時，並沒有留下任何要求給學生，只有學生能要求教師歸還他一點東西。要是我自己也莫名其妙就成了某個柏拉圖，要是在聽到蘇格拉底時，我像阿爾基比亞德[6]那樣，內心怦怦劇跳，跳得比科里班忒們[7]更劇烈，要是我不向那位非凡的人獻上讚美的熱情，內心就平靜不下來，[8]那麼，蘇格拉底無疑就會譏笑我說：

---

5 神的妒忌是指，「妒忌的」眾神不能容忍在他們之外有任何更偉大的東西存在。「神的妒忌」也是古希臘悲劇的一個主題，眾神為維護他們的特權，對於因傲慢（hybris）而超越自身界限的人類，往往由妒忌轉而變為懲戒。

6 阿爾基比亞德（Alcibiades），蘇格拉底的學生和密友。他後來叛國，蘇格拉底被控蠱惑青年，這也是主要依據之一。

7 科里班忒們（the Corybantes），信奉酒神的祭司，他們主持酒神的祭典，祭時擊鼓狂舞，以瘋狂的亂跳亂舞表達宗教熱忱。

8 齊克果的這些描寫跟柏拉圖的《會飲篇》（*Symposium*）有關。《會飲篇》講的是，悲劇家阿伽松（Agathon）的劇本上演得獎，他邀請蘇格拉底、喜劇家阿里斯托芬等人歡飲慶

「我親愛的朋友，你肯定是位不誠實的情人，因爲你是爲了我的智慧才想把我當偶像崇拜的，而且你本人想成爲最了解我的人並用你的讚美來套牢我，使我無法分身——你實際上不就是一個誘惑者嗎？」他解釋說，他能給我的就像我能給他的一樣多，要是我還不了解他，那麼，他無情的嘲諷，大概會使我心灰意冷。多麼難得的正直，不矇騙任何人，甚至不矇騙人們說他可以用自己的永恆幸福去下賭注。在當今年代這是多麼難得，當今年代不論在自我評價方面，還是在受惠於學生方面，在渴求社會承認方面，在把肉麻的讚美當有趣方面，每個人都是蘇格拉底所望塵莫及的！多麼難得的忠誠，不誘惑任何人，甚至對使盡所有誘惑技

祝。他們決定由在座的每位依次輪流對愛神厄洛斯（Eros）作一番禮讚。當他們依次作了頌辭後，當權的青年政治家阿爾基比亞德帶著一些人前來祝賀，大家請他也作一個禮讚，他卻不去頌揚厄洛斯神而去頌揚蘇格拉底。他說：「朋友們，拿我自己來說，要不是怕你們說我完全醉了，我可以發誓，蘇格拉底的話對我產生過一種特別的效果，這種效果即使到現在我還感覺得到。我一旦聽他說話，心就劇跳起來，比科里班忒們在狂歡時還跳得更厲害；我的喉嚨像被什麼堵住一樣，眼淚奪眶而出，不僅是我，許多聽眾也有這樣的激情。」（215d-e）

術，甘心想受他誘惑的人也一樣！[9]

但神要了解自己卻不需要任何學生，並且根本沒有任何機緣可以正像決心的作用方式那樣的去影響他。那麼，是什麼東西鼓動他顯現的呢？他應當自己激發自己，並總是像亞里斯多德說到他的那樣，自身不動而致動於他物（ἀκίνητος πάντα κινει）。[10]但要是他眞的自己激發自己，彷彿他自己忍耐不住緘默而不得

---

9 見《會飲篇》（二一六—二一八）。阿爾基比亞德接著向在座的人說了自己向蘇格拉底求愛並遭到拒絕的情況：當燈熄了，傭僕退出之後，我直截了當地向蘇格拉底求愛，然後不容分說就溜進他的破大氅之下，雙手擁抱這個人，他卻真正令人驚奇，就這樣無動於衷地躺了一夜。我使盡所有誘惑招數都只能引起他的鄙視，他對於我引以為豪的美貌簡直就是一種嘲笑和羞辱。我和蘇格拉底睡了一夜，卻就像跟父親或兄長睡覺一樣。

10 這是亞里斯多德對神的規定，見《形上學》：「極因於其所喜愛產生變動，其他一切事物則依所變動而行其變動。現在，試假定事物之有所變動，不得不遵循於常規。倘此事物之實現僅為空間運動之基本形式，則在此空間作運動之事物，因未嘗不可以運動於其他形式——即使不為本體之變化，至少可以不守其固常之位置。迨既確立有一自身不動而致動於他物的原動實是以後，則事物之入於變動者，遂不能復離於所動致之常規。空間運動為

不突然說起話來，那當然就沒有必要再去激發他一樣。但要是他自己激發自己，而不是被欲求所激發，那麼激發他的就只是愛，因爲愛是自身滿足的，它不滿足自身以外的欲求。他的決心——那跟機緣並無對等的關係——儘管被實現在明顯成了瞬間的時間之中，但必定來自永恆，因爲在那一瞬間，機緣和機緣所引起的東西是對等的，就像山谷中喊聲的迴響是對等的一樣，瞬間並不顯現，而是透過回憶隱沒在永恆的回憶之中。瞬間恰恰發生在永恆的決心跟不對等的機緣的關係之中。要是不這樣的話，那麼，我們就要回到蘇格拉底的想法，並且沒有上帝、永恆的決心或者瞬間。

因此，正是出於愛，上帝才一定會這樣去下永恆的決心，然而，就像上帝的

變動之第一類，圓運動為空間運動之第一級；第一主動者引致第一級運動。這裡，原動者必須存在；既然其存在為必需，則其為實是之本者也必善，而正由於這樣的命意，這成為第一原理。所謂必需者當統有下列這些命意——對反於自然之脈動為勢力所逼而不得不然者，捨此常道即不能成業達善者，以及捨此方式別無其他方式，而只能在這唯一方式可得其存在者。於是，宇宙自然與諸天就依存於這樣一個原理。」（商務印書館，一九五〇年版，1072^{b4}-1072^{b15}）

愛是他永恆決心的基點一樣，上帝的愛也是他永恆決心的目的，否則，上帝光有這樣做的基點而沒有與此相應的目的，那豈不眞成爲一個矛盾了！此外，上帝的愛一定是對門徒的愛，而目的一定是要想把他爭取過來，因爲只有在愛之中，所有的不平等才會變得平等，並且只有在平等或契合之中，才有理解。要是沒有完全的理解，教師就不成其爲上帝，除非那根本的原因出在門徒身上，門徒以爲拒不接受教師可能對他更有利。

不過，從根本上說，這種愛是不幸的，因爲上帝與門徒是非常不平等的，要是上帝不想消除這種不平等的話，那麼，像上帝一定得讓門徒了解自己這一看似十分容易的事，就並非眞的如此容易。

我們不要急於求成，儘管有人會以爲我們在浪費時間而不作一個決斷，堪可告慰的是他們還沒有因此而以爲，我們的努力是徒然的——在這世上，關於不幸的愛，有過很多的議論，並且人人都知道，這個字眼指的是：不能彼此鍾情的情人。而其中的理由嘛——唉，可能在於他們之中有一位是主人。另外還有一種不幸的愛：我們所說的這種愛，是這個世界上最完滿的愛都不能與此相比擬的，但暫且不確切地說，我們仍然能以這人世間爲背景，去設想這種不幸的造成，並非是情人們不能擁有彼此存在的結果，而是不能理解彼此存在的結果。這種遺憾其實要比通常所謂的遺憾更深刻，因爲這種不幸是永遠跟愛和苦痛的本質相連繫的，而不像另一種不幸，那種不幸所帶來的影響僅僅是外在的和短暫的，對於正人君子來說，那種不幸只不過是有關情侶最終不合的某些笑料而已。這種無比深刻的遺憾實質上是這位有教養的人的遺憾，因爲也只有他才理解誤會。這種遺憾實質上僅僅是屬於上帝的遺憾，因爲在人的處境中，根本無法舉出一個有效的例子，儘管這樣，我們在這裡還是要舉一個例子，以便能讓心靈去洞察我們對上帝的某種了解。

假定有一個國王，他愛上一個身分低賤的少女——也許當讀者聽到我們的例子竟像一篇童話故事的開頭那樣，而且全然不成體統，早已變得不耐煩了。不錯，有學問的波盧斯（Polos）[11]大概也覺得蘇格拉底滔滔不絕地談論飲食、醫生以及所有他本人從來不屑一談的無聊事是令人討厭的（見《高爾吉亞篇》）。[12]

11 波盧斯，在柏拉圖的《高爾吉亞篇》中，蘇格拉底與此展開辯論的三位智者之一。波盧斯主張「幸福就是快樂」的原則。

12 在《高爾吉亞篇》中，另一位智者卡利克勒（Callicles）對蘇格拉底說：「你老是談論食物、醫生和其他一些廢話，我就不屑談論這些。」（490c）

但蘇格拉底不是還有個優點的嗎？那就是他本人和尋常人一樣，從童年起就有了起碼的日常知識。而對於我來說，那不是挺好的嗎？能夠一直沾上吃喝的緣分（那還是我所力不能及的）並且不必跟帝王為伍，帝王們的想法，未必會像尋常人一樣，他們的想法是跟他們的帝王身分相配的。而我只是一個詩人，所留意的是地米斯托克利[13]的綺麗詩句，我想在談話中把「花毯上的圖案」[14]鋪展開來，省下把它捲了藏起來的工夫，這難道是不可諒解的嗎？

那麼我們就假定有個國王，他愛上了一個身分低賤的少女。這個國王的內心沒有受到智慧的汙染（這一點可以理直氣壯地聲明），所以對於為文飾情感而殫

---

13 地米斯托克利（Themistocles，約西元前五二四—西元前四六〇）西元前四九三年當選為雅典的執政官，是雅典海上強權的締造者。

14 出自羅馬帝國時期希臘傳記作家普魯塔克（Plutarchos Kaironeus，約四〇—一二〇）的《希臘羅馬人物對比傳記》（*Levnet Sbeskrivelser*）：「但地米斯托克利對薛西斯（Xerxes）王回答說，人們說話就像繡了花的花毯，因為像它們一樣，這也必須被鋪展開來，以便顯示它的圖案，但當它被捲起來時，這些圖案便被隱匿和歪曲。因此，他需要的是時間。」（XXIX，3）

精竭慮的種種難處，以及爲詩人們舞文遣詞、曲達玄妙的種種難處全不知曉。他的決定是不難實現的，任何權貴都不敢違逆他，生怕他的雷霆之怒，因此，甚至連一點相反的暗示也不敢有。任何外國在他的強權面前都戰戰兢兢，不敢不派使團去祝賀國王的婚禮。而且，在他面前卑躬、屈膝、阿諛奉承的朝臣們，都不敢傷害他對少女的情感，以免自己的腦袋搬家。就這樣，琴瑟調好了音，詩人們開始歌唱；讓歡樂但又是情欲的愛（Elskov）大大地慶賀自身的勝利，因爲當情欲的愛將兩個地位平等的人結合在一起時，那還是小慶的歡樂，而當情欲的愛將兩個地位不平等的人因此作爲平等的人結合在一起時，那就該是大慶的歡樂。[15]

爾後，一件心事觸動了國王的靈魂。要是作爲一個國王，他白天不得不像國王那樣高貴地去思考的話，那麼，他也許是在夢中想到這件心事的！他不向任何人吐露自己的心事，否則，他的任何一位大臣也許都會說：「陛下，這少女蒙您

15 小慶（jubilant），丹麥文 hoverende（齊克果手稿上是 Overende），指較次要的慶典，或小凱旋式，在這些慶典上，凱旋者步行或騎馬進入首都，並以一頭羊供祭；大慶（triumphant），指更隆重的慶典，在這些慶典上，凱旋者乘在凱旋車上進入首都。

的恩寵，她會感激不盡的。」當然，大臣的話會使國王震怒，國王會因他冒犯了心上人而將其處死，並因此而引起國王的另一種遺憾。他獨自一人被這種遺憾苦苦糾纏著：這女子是否會由此而變得快活起來，她對他是否會變得大膽信賴起來而不再記得他是國王，而她曾經是一個低賤的少女，這是國王唯一希望她去忘卻的。要是這一切眞的發生了，要是她喚起了這一回憶，而且這一回憶時時像一個頗受傾心的情敵，把她的心從國王那裡奪走，把它引誘進暗自傷感的圈子中，或者要是這一回憶時時掠過心靈，就像死神掠過墳墓一樣——那麼，榮耀的情欲之愛又會怎樣？要是她依然地位低賤，並被一個地位相當的人所愛，她滿足於簡陋的棚屋，而且大膽信賴她的愛，從早到晚快快樂樂，那麼，她實際上會更加幸福。一種過於強烈的遺憾在這裡彷彿熟透似的，沉重得幾乎要把人壓垮，只等收穫的時節，那時國王的思慮就將從中剝離出所有牽腸掛肚的種子。因爲縱然這女孩安於成爲一無所有的人，而對比，國王卻會不安的，只因爲國王愛她，又因爲要他成爲她的恩人遠比失去她更艱難，並且，要是她還不理解他又將如何呢——因爲要是我們對人類只是隨便說說的話，我們完全可以假定有一種使人類之間的理解變得不可能的理智上的差異。在這不幸的情欲之愛中蟄伏著一種深沉的遺憾！哪個敢去激醒它！然而還是有一個人不認這個帳，我們指的就是蘇格拉底，或者在更美好的意義上有能力使不平等成爲平等的那個人。

現在，假使瞬間眞的具有決定性意義——而沒有這種決定性意義，即使我們以爲自己的想法要比蘇格拉底更成功，我們還是要回到蘇格拉底的想法——那麼，門徒就處在沒有眞理的狀態，實際上，那是由於他本人的過錯，但不過，他卻是上帝所愛（kjoerlighed）的對象。上帝想成爲他的教師，而上帝的心事是實現平等。如果平等不可能實現，愛就變成不幸的愛，並且傳授教育就變得無意義，因爲他們並不能相互理解。我們也許會以爲，這對於上帝來說可能是一個無關緊要的問題，因爲他並不在乎門徒，不過，我們忘記了——嗨！或者更確切地說，我們表明了——我們還遠遠沒有理解上帝；我們忘記了，上帝眞的愛門徒。並且，就像那位國王的遺憾只藏在國王的心坎裡，絕大多數人類的語言也根本不去提及這種遺憾，人類的語言都是這樣的潔身自好，它們都對這樣一種遺憾保持緘默，連一點暗示都沒有。但上帝卻保存著這種深深的遺憾，因爲他知道，他能把門徒推開，沒有門徒也行；上帝知道，門徒由於本身的過錯而澈底慘敗；上帝知道，他能讓門徒墮落，他還知道，要讓門徒大膽信賴起來，幾乎是不可能的，沒有大膽信賴，理解和平等就無從談起，愛就成了不幸的愛。任何人，要是一點也沒有這種遺憾的表示，那他就是十足的傻瓜，恰好就像一枚小錢幣，既不帶有凱撒（Caesar）[16]的像，也不帶有上帝的像。[17]

這樣，任務就選定了，我們邀請了詩人——說得更確切點，假使這位詩人還不曾被其他地方邀請，並且，假使他不是跟那些吹手和其他亂嚷的人同流的，倘要準備讓歡樂進來，就必須讓這些人全部退出喪事之家。[18]詩人的任務是去尋找一個解釋，一個確實有愛的理解的溝通點，在那溝通點上，上帝的心事已壓倒它的痛苦，因爲這是深不可測的愛，這種愛絕不會滿足於愛的對象，並可笑地自以爲極度快樂所該具備的一切。

---

16 凱撒（西元前一〇〇—西元前四六），羅馬統帥，獨裁者，後被共和派所刺。

17 見《馬太福音》：耶穌看出他們的惡意，就說：「假冒為善的人哪，為什麼試探我？拿一個上稅的錢給我看！」他們就拿一個銀錢來給他。耶穌說：「這像和這號是誰的？」他們說：「是凱撒的。」耶穌說：「這樣，凱撒的物當歸給凱撒；上帝的物當歸給上帝。」（22:18-21）

18 見《馬太福音》：耶穌到了管會堂的家裡，看見有（辦喪事的）吹手，又有許多人亂嚷，就說：「退去吧！這閨女不是死了，是睡著了。」他們就嗤笑他。眾人既被攆出，耶穌就進去，拉著閨女的手，閨女便起來了（9:23-25）。

（一）這種溝通是自下而上實現的。上帝於是能把門徒拉向他自己一邊，稱讚他，以千年之快樂去取悅他（因爲對於上帝，千年猶如一日），[19]讓門徒因爲自己的興奮激動而忘記誤會。眞的，或許這樣一來門徒更可能以爲自己是極爲快樂的。由於垂青於他，使他突然獲得巨大的成功，就像那位低賤的少女一樣，那能不使人快樂嗎？而這更使他自欺欺人地把所有一切都看得微不足道，那能不使人快樂嗎？不過，那位顯赫的國王是深得個中滋味的；他多少也是個善識人性的行家，並且看出這個女子原本是會受騙的——當受騙的人甚至不懷疑自己受騙，彷彿僅僅被換了套衣服所迷惑似的，那麼，這個人所受的騙是最可怕的。

這種溝通會由上帝出現在門徒面前，受他的膜拜，從而使門徒忘卻自己而實現。同樣，國王也會光彩十足地出現在低賤的少女面前，也會讓他那燦爛陽光在少女的棚屋上升起，在陽光照耀的地方，他出現在少女面前，並且讓她在愛慕的讚美中忘卻自己。這或許會使這女子滿足，卻不會使國王滿足，因爲他想要的不

19 見《詩篇》：在你看來，千年如已過的昨日，又如夜間的一更（90:4）。又見《彼得後書》：親愛的弟兄啊，有一件事你們不可忘記，就是主看一日如千年，千年如一日（3:8）。

是他自己對女子的頌揚，而是女子對他的頌揚，並且他的遺憾是非常令自己傷心的，因爲她不可能了解他；而對於他來說，欺騙她也許更加使他傷心。在他自己看來，僅僅表達自己的愛不盡然就是欺騙，即使沒有人了解他，即使責難總試圖去折磨他的靈魂。

選擇這樣做，愛並未因此就變得幸福——門徒的愛和少女的愛表面看來也許是幸福的，但教師的愛和國王的愛卻並不幸福，他們不會以任何錯覺爲滿足。上帝在妝飾比所羅門[20]的服飾更榮華的百合花中得到快樂，[21]但要是這裡沒有理解錯的話，就百合花而言，假使它留意自己的妝飾，認爲它本身是由於這妝飾才被愛的，那肯定就是一個悲劇性的錯覺。這樣一來，百合花不是歡樂地生長在草地上，跟風嬉耍，像微風一樣，無牽無掛；相反，它大概會凋零枯萎，沒有大膽的

---

20 所羅門（Solomon，？—西元前九三二），以色列國王，大衛之子，以智慧著稱。他在位時，猶太達到鼎盛時期。

21 見《馬太福音》：「何必為衣裳憂慮呢？你想野地裡的百合花，怎麼長起來；它也不勞苦，也不紡線。然而我告訴你們，就是所羅門極榮華的時候，他所穿戴的，還不如這花一朵呢！」（6:28-29）

自信足以讓它昂起頭來。這實際上是上帝所憂心的事，因爲百合的嫩枝是纖弱的並且容易一下子折斷。但要是瞬間眞具有決定性意義的話，上帝的心事就會變得簡直無法形容！有一個民族對上帝有極好的理解；這個民族相信，人要是看到上帝就不能存活[22]——這個民族把握了這種遺憾的矛盾：不露面是愛的死亡，露面則是被愛者的死亡。所以，人常常迷惑於追逐權勢，並且孜孜不倦地執意於這種追逐，彷彿得到了權勢，一切就會改觀，他不覺得，在天國，不僅有歡喜，[23]而且也有遺憾：上帝不得不拒絕接受整個心靈都渴望能被接受的門徒，而這不得不拒絕的原因所在，又恰好正因爲他是被愛者，這說來是多麼的令人傷心。

（二）因此，這種溝通一定是透過其他某個途徑才被實現的。這裡我們又一次想起蘇格拉底，因爲他所自稱的無知，除了用來作爲對門徒要求溝通的一種表示外；還會是什麼呢？而且大家知道，這種溝通也是事實。不過，倘若瞬間眞

---

22 見《出埃及記》：（耶和華）又說：「你不能看見我的面，因為人見我的面不能存活。」（33:20）

23 見《路加福音》：「我告訴你們，一個罪人悔改，在天上也要這樣為他歡喜，較比為九十九個不用悔改的義人歡喜更大。」（15:7）

具有決定性意義的話——[24]那麼，這種溝通就肯定不是事實，因爲這樣一來，門徒的一切就都受惠於教師。按照蘇格拉底的理解，要是教師讓學生老是去想自己實際上從他那裡受惠了什麼，而不設想教師只是協助學生得以自我充實，那麼，教師的愛就只能是一種騙子的愛，同樣，按照我們的理解，上帝的愛——要是他想成爲一個教師的話——應當不僅是一種協助的愛，還是一種有生育力的愛，他用這種愛生育出門徒，或者，像我們曾經稱呼門徒那樣，使他得到一次意味著由「無」到「有」轉變的重生。於是，門徒的一切，其實都受惠於上帝。但使理解變得如此困難的恰恰在於：他變得一無所有，然而卻又不是一無所有；他的一切受惠於上帝，然而卻變得大膽自信；他知曉眞理，而眞理使他自由；[25]他領會沒有眞理的過錯，而且大膽自信又在眞理中獲勝。在人和人之間，協助的一面是最重要的，而生育則是爲上帝保留的，上帝的愛是有生育力的愛，但這並非蘇格拉底在喜慶場合知道怎樣說得美妙動人的那種愛。這樣一種愛並不標誌教師跟學生

24 這裡的破折號表示假設「倘若……那麼」的發生。

25 見《約翰福音》：「你們必曉得真理，真理必叫你們得以自由。」（8:32）

的關係而標誌自修者跟像蘇格拉底那樣美好人品的關係，蘇格拉底不理會單個形體的美，而去想像美本身爲對象（beauty-in-and by-itself），然後馬上會產生出豐富的思想和精妙的談話，他將孕育大量傑出崇高的道理，得到豐碩的哲學收穫（πολλούς καί καλούς λόγους καί μεγαοπρεπεὶs τίκτει καὶ διανοηματα ἐνφιλοσοδία αφθόνω，《會飲篇》210d）；並且與此相應，他就把在心中醞釀孕育多時的東西，讓它生育下來（《會飲篇》209c）。[26]所以，他內心已經具備了

26 我們知道，《會飲篇》記述了阿伽松、蘇格拉底等人對愛神厄洛斯的頌辭。蘇格拉底與其餘幾位不同，他對愛神的頌辭主要轉述女巫狄奧提瑪（Diotima）關於愛及美的一番議論。狄奧提瑪告訴蘇格拉底，人從感知單個形體的美到真正認識美本身，是逐級上升的過程：「先從個別美的事物開始，好像升梯，逐級上升到最普遍的美。從單個形體的美到兩個形體的美，再到任一形體的美；從形體的美到制度的美，再到學問知識的美，最後一直到以美本身為對象，從而認識美是什麼。」（211c）狄奧提瑪認為，人常和美的對象接觸，「他就會把在心中醞釀孕育多時的東西，讓它生育下來」，而達到認識美是什麼的境界，人面對美的大海，心中無比愉悅，「他就將孕育大量傑出崇高的道理，得到豐碩的哲學收穫。」

條件，而生育（誕生）只是讓這些現成東西顯現出來，並且那就是爲什麼在這一誕生中，瞬間又立刻被回憶吞沒的原因。顯然，被生育下來的人時隔越久，就越不可能聽說生育他的事，因爲他只是越來越清楚地記得他生存著的事，並且接著產生種種美的表達的人並不產生它們，而是讓他心中的美自行去產生它們。

這樣，要是溝通不可能自下而上去實現的話，那麼，就應當試一下自上而下。假設門徒是X，並且這X應當也包括最低賤的人，因爲要是連蘇格拉底都不是只限於跟才華卓越的人交往的話，那麼，上帝怎麼還會在乎尊卑差別呢！要實現溝通，上帝就應當先變得跟這個人一樣。所以，他將以跟那些最低賤者同等的人出現。而一切人中最低賤的就是必須去服侍人的人——因此，上帝將顯得像一個奴僕。但要像一個奴僕，並非只是穿戴上類似奴僕的便服，那便服只要風吹幾下就會使奴僕露眞相；也並非只是披上那方便的蘇格拉底大氅，那種大氅儘管不用編織，而且又半遮半露的——但只有蘇格拉底披上才合適。[27] 眞心實意地而非

27 在《會飲篇》中，阿爾基比亞德對蘇格拉底有這樣一段敘述：「那個冬天他是這樣度過的，說起來真使人感動。那天下了從未見過的厚霜，我們這些人都不敢出門，即使出門，也把

戲謔地決意跟被愛者平等，這才是博大的愛，並且正是全能者決意的愛才能夠這樣，這是國王或者蘇格拉底力所能及的——這就是他們被假設的性格依然只是一種虛構的原因所在。

看，這上帝就站在那裡，他在哪裡？就在那裡，你看不到他嗎？他是上帝，但他連枕頭的地方也沒有，[28]並且他不敢去求助於任何人，省得人家惹自己生氣。他是上帝，但與其說有天使用手托著他，不如說他謹慎行事[29]——不要防他

自己裹得嚴嚴實實的，穿上斗篷還要裹上氈，但蘇格拉底卻和往常一樣，披戴著那件舊大氅，光著腳在冰上走，看上去比我們這些穿斗篷的還神態自若。」（220a）

28 見《路加福音》：耶穌說：「狐狸有洞，天空的飛鳥有窩，只是人子沒有枕頭的地方。」（9:58）

29 見《馬太福音》：耶穌卻回答說：「經上記著說：人活著不是單靠食物，乃是靠上帝口裡所出的一切話。」魔鬼就帶他進了聖城，叫他站在殿頂上，對他說：「你若是上帝的兒子，可以跳下去，因為經上記著說：主要為你吩咐他的使者，用手托著你，免得你的腳碰在石頭上。」耶穌對他說：「經上又記著說：『不可試探主你的上帝。』」（4:4-7）又見《詩篇》：因他要為你吩咐他的使者，在你行的一切道路上保護你。他們要用手托著

跌倒，而要他不至於把惹自己生氣的人踩死。他是上帝，但他帶著憐憫的目光停留在人類上面，[30]因爲人弱嫩的軀幹會像一棵草那樣輕易被壓得粉碎。這樣的一種生命——眞是十足的愛和十足的遺憾。要用愛去示溝通的願望而又不被理解，總擔憂每個人沉淪，而這種方式事實上能挽救的又只是個別的人——眞是十足的遺憾，與此同時，他時時刻刻充滿著門徒——把自己交付給了他——的遺憾。上帝就是這樣來到人間，就是這樣把他全能的愛直接送達最低賤者。上帝知道，門徒是沒有眞理的——如果他做錯了又怎麼辦？要是他厭煩了並失去大膽自信，那怎麼辦？哎呀，還是用全能者的「要有就有」去盡心盡力吧，而要是一轉眼的工夫，這一切都失去了，那麼所有一切也都毀於一旦——這跟人類在失去愛，有可能犯罪，而有人成爲人類的救世主相比，是多麼的容易。

你，免得你的腳碰在石頭上（91:11-12）。

30 比如，見《馬太福音》：耶穌走遍各城各鄉，在會堂裡教訓人，宣講天國的福音，又醫治各樣的病症。他看見許多的人，就憐憫他們；因為他們困苦流離，如同羊沒有牧人一般（9:35-36）。

奴僕的方式絕不是僅僅穿戴點什麼。[31]所以，上帝一定還要吃盡千辛萬苦，忍受一切，經受一切磨練，在荒漠上挨餓，[32]極度痛苦地渴望，死時還遭離棄，[33]最低賤的人完完全全平等——瞧，你們看這個人！[34]遭受死的苦難並非他的全部苦難，他整個生命就是一個遭受苦難的故事，正是爲了愛才遭受苦難，這是本身赤貧如洗又去奉獻一切的愛。即使門徒是最低賤的人，他還是關切地問：你眞心愛我嗎？這是多麼了不起的涵養！因爲他自己知道危險在那裡，他也知

31 見《腓立比書》：他本有上帝的形象，不以自己與上帝同等為強奪的。反倒虛己，取了奴僕的形象，成為人的樣式。既有人的樣子，就自己卑微，存心順服，以至於死，且死在十字架上（2:6-8）。

32 見《馬太福音》：當時，耶穌被聖靈引到曠野，受魔鬼的試探。他禁食四十晝夜，後來就餓了（4:1-2）。

33 見《馬太福音》：從午正到申初，遍地都黑暗了。約在申初，耶穌大聲喊著說：「以利！以利！拉馬撒巴各大尼？」就是說：「我的上帝！我的上帝！為什麼離棄我？」（27:45-46）

34 見《約翰福音》：耶穌出來，戴著荊棘冠冕，穿著紫袍。彼拉多對他們說：「你們看這個人！」（19:5）

道，對於他來說，任何捷徑都是一種騙人的東西，儘管門徒可能了解這一點。

對於愛，任何別的啓示可能都是一種騙人的東西，因爲愛要麼先得去改變門徒的內心（但不過，愛除了自身改變外，並不改變門徒），並對他進行必要的隱瞞，要麼表面上必須一直對在他們（愛和被愛者）之間的全部理解只是一種錯覺（這是異教徒的謊言）這一點不問不知。對於上帝的愛，任何別的啓示可能都是一種騙人的東西。雖然我雙眼比那悔悟的娼妓更滿含著淚水，[35]雖然我每一顆淚珠要比被寬恕娼妓的大量眼淚更來得珍貴，雖然我可以找得到比他腳下更低卑的地方，雖然我也可以比一個女人更恭敬地坐在那裡，這女人的內心只選擇這件不可缺少的上好福分，[36]雖然我比忠心耿耿的奴僕——這奴僕直到他流盡最後一滴

---

35 見《路加福音》：那城裡有一個女人，是個罪人，知道耶穌在法利賽人家裡坐席，就拿著盛香膏的玉瓶，站在耶穌背後，挨著他的腳哭，眼淚溼了耶穌的腳，就用自己的頭髮擦乾，又用嘴連連親他的腳，把香膏抹上（7:37-38）。

36 見《路加福音》：她有一個妹子，名叫馬利亞，在耶穌腳前坐著聽他的道。馬大伺候的事多，心裡忙亂，就進前來，說：「主啊，我的妹子留下我一個人伺候，你不在意嗎？請吩咐她來幫助我。」耶穌回答說：「馬大！馬大！你為許多的事思慮煩擾，但是不可少的只

血時還愛他——更真誠地愛他，雖然我在他眼裡要比最貞潔的女人更中意——然而，要是我懇求他去改變他的決定，懇求他用別的方式去表明自己和去寬容自己，那麼，他就會盯著我說：「老兄，我與你有何相干」；[37]走開吧，因爲你是撒旦[38]，[39]即使你本人還不知所然！或者，要是但願恰好有次他終於伸出手來，又要是但願我打算想一想如何才能去更好地理解他或愛他，那麼，我多半會看到他也在爲我嘆息，並聽到他說：「去想一想你會變得對我如此不忠，並且如此令我的愛痛心」；所以你只愛創造奇蹟的全能者，而不愛屈尊自己去跟你平等的全能者。

奴僕的方式絕不是僅僅穿戴點什麼，因此他還必須以死亡告終，接著就離開

有一件：馬利亞已經選擇那上好的福分，是不能奪去的。」（10:39-42）

37 見《約翰福音》：耶穌說：「母親，我與你有什麼相干？我的時候還沒有到。」（2:4）

38 撒旦（Satan），在猶太教與基督教的教義中專指與上帝及人類為敵的魔鬼。

39 見《馬太福音》：耶穌說：「撒旦，退去吧！因為經上記著說：當拜主——你的上帝，單要侍奉他。」（4:10）又見《馬太福音》：耶穌轉過來，對彼得說：「撒旦，退我後邊去吧！你是絆我腳的；因為你不體貼上帝的意思，只體貼人的意思。」（16:23）

人間。儘管我的遺憾要比那位母親——在刀刺透她的心時——的遺憾更深，[40]並且，儘管我的處境要比信徒——在信仰的力量消失時——的處境更糟，儘管我的痛苦要比那個人——他的希望已被釘在十字架上並且只留下十字架——的痛苦更令人痛苦，然而，要是我懇求他寬恕他自己並留下，我無疑會看到他心裡甚是憂傷，幾乎要死，[41]但這也是因我而來的憂傷，因爲這種痛苦一定是對我的恩惠；而他的遺憾也可能是因我不能理解他而來的遺憾。唉！這苦味的酒杯[42]——比苦艾更苦的是作爲一個凡人去死的恥辱——於是，這對於不朽者來說又是多麼的必

---

40 見《路加福音》：孩子的父母因這論耶穌的話就稀奇。西面給他們祝福，又對孩子的母親馬利亞說：「這孩子被立，是要叫以色列人中許多人跌倒，許多人興起；又要作毀謗的話柄，叫許多人心裡的意念顯露出來；你自己的心也要被刀刺透。」（2:33-35）

41 見《馬太福音》：（耶穌）便對他們說：「我心裡甚是憂傷，幾乎要死；你們在這裡等候，和我一同警醒。」（26:38）

42 見《馬太福音》：他就稍往前走，俯伏在地，禱告說：「我父啊，倘若可行，求你叫這杯離開我。然而不要照我的意思，只要照你的意思。」（26:39）

要！唉，用來止渴的蘸滿了醋的海絨，比醋還酸[43]——那是用被愛者的誤會來止渴的！唉，安慰來自被作爲罪人處死的憂傷之中——於是，作爲清白罪去死又是多麼的必要！

詩人如是說——他怎麼可能想到，上帝要實現這最可怕的決定竟會以這一種方式出現？[44]他怎麼可能想到會輕率地拿上帝的痛苦開玩笑，荒謬地寫出一首愛的詩，[45]爲的是把上帝的譴責寫進詩中？

而門徒，儘管他的命運並非教師的命運，難道跟這個受苦難的故事一點沒有關係嗎？它還得這樣，並且導致這一切苦難的正是愛，正因爲上帝不是出於私心而是想用愛去跟最最卑賤者平等。要是一棵橡樹的果仁栽種在泥盆中，泥盆就

---

43 見《馬太福音》：內中有一個人趕緊跑去，拿海絨蘸滿了醋，綁在葦子上，送給他喝（27:48）。

44 即信仰或犯過失的方式。

45 丹麥文 digte（名詞 digt 指詩，digter 指詩人）指「去寫一首詩」，「去創作一部文學作品」。

會散裂，新葡萄酒灌進舊皮袋中，[46]皮袋就會脹破。那麼，要是上帝讓自己生根在人的弱點之中，而人並未成爲一個新人和一個新的容器，那將會發生什麼？但這一切正在發生——這實際上是多麼的困難，並多麼的像一次難產！而理解的局面，因爲自身的弱點，在有罪的憂慮擾亂愛的安寧時，每時每刻都瀕臨於誤會的邊緣。並且，理解的局面——這是多麼的令人驚恐，這種驚恐實際上與其說是一面出在上帝的聲音中發顫，一面人的臉上顯出驚恐[47]的那種驚恐，不如說是跟上帝平起平坐的那種驚恐，而上帝所關心的正就是這樣的平起平坐。

倘使現在有人想說：「你所寫的東西是屢見不鮮的最拙劣的剽竊，因爲它充其量只是連小孩都知道的東西」，那麼，我也許應當羞愧地聽著，因爲我是一個說謊的人。但爲什麼這些東西是最拙劣的呢？畢竟每個剽竊的詩人都是剽竊

---

46 見《馬太福音》：也沒有人把新酒裝在舊皮袋裡；若是這樣，皮袋就裂開，酒漏出來，連皮袋也壞了。唯獨把新酒裝在新皮袋裡，兩樣就都保存了（9:17）。

47 見《出埃及記》：到了第三天早晨，在山上有雷轟、閃電和密雲，並且角聲甚大，營中的百姓盡都發顫。摩西率領百姓出營迎接上帝，都站在山下。西奈全山冒煙，因為耶和華在火中降於山上。山的煙氣上騰，如燒窯一般，遍山大大地震動（19:16-18）。

別的詩人的，因此我們都同樣地拙劣；事實上，我的剽竊行爲也許並不那麼有害，因爲它更容易被發現。但不過，詩人又是誰呢？要是我殷勤得甚至想把你看作詩人，因爲是你對我做出了評價，那麼，你也許會再次生氣。要是根本沒有一個詩人而仍然有一首詩的話——這也許是難以理解的，實際上，就像聽到吹奏笛聲而沒有任何吹奏人那樣難以理解。[48]或許，這首詩就像一句諺語，誰也不知道它的作者，因爲它看起來就像是整個人類創作的。而這也許就是你要把我的剽竊稱作迄今最拙劣的剽竊的原因嗎？因爲我並未竊取任何個人的，而是盜取人類的，並且，儘管我孑然一人——實際上，甚至還是一個拙劣的賊——卻高傲地以全人類自命。要是眞這樣的話，那麼，假使我跑到每一個人那裡，每

48 在柏拉圖的對話《申辯篇》中，蘇格拉底這樣說：「美勒托（Meletus，在雅典法庭上指控蘇格拉底犯罪的人），世上真有人相信人所做的事而不相信人嗎？雅典人啊，回答他的問題，不要讓他再接連提出這些非難。世上真有人不相信馬，卻相信馬所做的事嗎？或者，真有人不相信音樂家，卻相信音樂家的演奏嗎？不，不會有人的，我尊敬的朋友。倘若你不想回答，我將提供給你，也提供給這些雅典人。但你必須回答下一個問題：真有人相信神祕所做的事情而不相信神祕的生命物？」（27b-c）

一個人當然就都聽說，而且也都知道，他不曾創作過它，那麼，我因此就可以得出是人類創作了它的結論嗎？這不奇怪嗎？因爲要是整個人類創作了它，大概也就可以這樣表達說：每個人都同樣近乎創作了它。你不認爲我們在這裡已陷入了某種困境，儘管一開始整個問題——由於你簡短而又憤慨地聲明，我的詩是最拙劣的剽竊，並且我只得帶著羞愧聽你的聲明——似乎顯得非常容易解決。這樣，它也許根本就不是一首詩，或者，無論如何不能把它歸於任何人，或者，也不能把它歸於人類。那麼，我算了解你啦。你把我的所爲稱作最拙劣的剽竊，因爲我不竊取任何人，不盜取人類，但卻盜取了上帝，或者可以說，綁架了他，儘管我只是孑然一人——實際上，甚至只是一個拙劣的賊——卻冒瀆地自命爲上帝。我親愛的朋友，現在我完全了解你，並且明白你的憤慨是有道理的。同時，我的靈魂也被新的驚奇所震懾——實際上，這種驚奇充滿了讚嘆，因爲要是它曾經是一首人的詩篇的話，它想必已令人驚奇了。人大概會想到用詩把自己說得像上帝一樣，或者用詩把上帝說得像他自己一樣，但人並不用詩去說，上帝用詩把自己說得像人一樣，因爲要是上帝一點不示意的話，人怎麼可能想到，至聖的上帝會需要他呢？這或許眞是最壞的想法，或者說得更確切些，是一種他甚至不可能有的想法，儘管這樣，一旦上帝把這種想法透露給他，他就恭敬地說：「我並未有過這種想法」[49]——並且覺得它成了無比美好的想法。這一切不奇異嗎？這話出於我的口，不就像一句微妙的預言，因爲就像我實際上說過而你本人無意中說過的那樣，我們並未站在奇蹟之前，而由於現在我們二人都正站在這個奇蹟之前，它莊嚴的肅穆不可能被人的有關什麼歸我以及什麼歸你的爭吵所干擾，它那令人敬畏的話遠遠蓋過了人的有關我的還是你的之爭吵，這些爭吵使我產生了荒謬可笑的錯誤想法，爲此請原諒我。那是一種錯誤的想法，並且這詩跟任何人的詩都不同，它完全不是什麼詩，而是奇蹟。

49 見《哥林多前書》：如經上所記：上帝為愛他的人所預備的是眼睛未曾看見，耳朵未曾聽見，人心也未曾想到的（2:9）。

第三章　絕對的悖論

——一個形上學的奇想

雖然蘇格拉底盡他最大的努力去獲得關於人的本性的知識並去認識他自己——的確，儘管千百年來他被稱頌爲無疑是最懂得人類的人——但不過，他也承認，他甘願費心去考慮諸如雙翼飛馬和蛇髮女妖一類生物的本性的原因，在於他還不完全了解自己，不了解他（身爲一位人的本性的鑑定家）是比百頭妖怪更難以理解的怪物，還是天生就分有一點神性的更簡單溫順的生靈（見《斐德羅篇》，*Phaedrus*' 229e）[1]。這看來是一個悖論。但不必對這個悖論有所誤解，

---

1 在柏拉圖的《斐德羅篇》中，蘇格拉底說：「斐德羅，雖然我也認為這些理論（對風神玻瑞阿斯從淵谷搶掠奧瑞斯提亞公主作理性解釋的理論）無疑是有迷惑力的，但並不認為這些理論是聰明的，孜孜不倦於這些理論的人並不令人羨慕。理由很簡單，他們一旦開了頭，要解釋的神話多的是，他們要為我們解釋半人半馬獸和吐火女怪，更不必說一大群這樣那樣的半人半馬獸，蛇髮女妖和雙翼飛馬，以及傳說中的無數怪異之物。要是我們的懷疑論者，以他僅有的一點理智，要把它們逐一核驗，看它們是否真有可能，那麼，他就得為此耗費時間，我本人肯定沒有時間耗費在這類事情上，並且我也可以告訴你為什麼，我的朋友。我至今還不能做到像德爾菲（Delph）神諭囑咐我的「知道我自己」，而只要我還不知道自己，忙於去研究這些怪異之物，在我看來就是很可笑的。所以我把這類事情撇

因爲悖論是思想的激情，思想家要是沒有悖論就像情人沒有激情：那就只是庸人一個。但任何被強化到極點的激情總得要它自己決意去降溫，所以也正是認識的最高激情決意去衝突，儘管用種種方式，這種衝突肯定也會有所弱化。因此，這就是思想的最終悖論：要去揭示思想本身不可能想到的東西。這種思想的激情原本就表現在思想的每個方面，也表現在個人的並不盡然只是他自己的思想中。但由於習慣，我們卻沒有發現這一點。同樣，自然科學家這樣告訴我們，人走路的動作是一種連續的跌倒，但每天早晨走到辦公室和中午走回家的一個穩重的紳士可能會認爲這是誇張的說法，因爲他的行走畢竟是一個中介問題，他怎麼會想到，他——不偏不斜只注視自己鼻子的他——在不斷地跌倒。

但爲了開個頭，讓我們對一個冒失的命題做個說明：我們假定，我們知道人是什麼。〔透過假定此命題想去賦予它疑問的形式，表面看來也許是荒謬可笑

之一邊，只接受通常人們對於它們的看法，我所要研究的，就像我剛才所說，只是研究我自己，看一看我究竟是比百頭怪物還複雜和驕傲不馴的生靈，還是一種天生就分有一點神性的更簡單溫順的並非百頭怪物的生靈。」（229o-230a）

的，因爲，在我們這個以神爲中心的時代，畢竟人人都知道人是什麼。但願眞是如此！德謨克利特也知道人是什麼，因爲他對人作了這樣的規定：「人是眾所周知的，」他繼續說：「因爲一條狗、一匹馬、一株植物等等，都是眾所周知的，而人不屬於這一切。」我們不至於會像恩披里柯[2]那樣別有用心，我們也不會像他那樣聰明，因爲大家都知道，他完全正確地由此得出人是一條狗的結論：因爲人是眾所周知的，而一條狗也是眾所周知的，因此——（人是一條狗）我們不至於別有用心，但我依然不明白，在我們這個時代，這個問題是否已經澄清到這樣的程度，以至於不必爲想到可憐的蘇格拉底及其狼狽處境而感到有絲毫的忐忑不安。」在這裡，我們實際上假定有眞理的標準，整個希臘哲學都在探尋這一眞理的標準，它或被懷疑，或被肯定，或者有了結果。而古希臘人願意去作這一探尋難道不值得注意嗎？這不好比是對古希臘人理智意義的一個簡要概括嗎？不好比是對它自己寫的一句評語嗎？一句評語有時要比寫一部冗長的著作

---

2 恩披里柯（Sextus Empiricus，約一六〇—二一〇），古羅馬哲學家，後期懷疑論派代表之一。主要著作有《皮浪學說綱要》（*Outlines of Pyrrhonism*）、《駁數理學家》等。

更受用。因此，這命題是值得去假定的，並且同樣還有另一個理由，因爲我們已經在前二章中說明了這個理由，而任何想去辨明蘇格拉底跟我們的差別的人一定都會注意到，蘇格拉底並未陷入在他之前或之後的古希臘懷疑主義的陷阱之中。要是不去堅持蘇格拉底的回憶說以及每個人都如同一般人的學說，那麼，恩披里柯已準備去把「學」所帶來的變化說成既困難又是不可能的，[3]並且，普羅泰戈

3 恩披里柯從人不可能教授的另一角度去論證這種變化既困難又不可能。他在《皮浪學說綱要》中寫道：因此，比如說，教育的事情就是或真或不真的；如果是不真的，它就不可能教授；因為他們斷言不真是非實在的，而非實在的東西不可能有任何東西可教。然而它不被說成是真的；因為我們已在〈論準則〉（On the Criterion）那一章中說明，真理是非實在的。於是，如果不實和真都不可教授的話，並且除了這些以外沒有任何東西可教授的話（因為固然沒有人會說，雖然這些是不可教的，他還是去教這可疑的課程），那麼就沒有任何東西可教授。並且，可教授的東西或者是顯而易見的或者是不明顯的。要是教授的東西是顯而易見的，那就用不到去教；因為顯而易見的東西在每個人看來都是相同的。而要是教授的東西是不明顯的，那麼正因為是不明顯的東西，如我們經常指出的，（它們之所以）不可理解是由於對它們未決的爭論，它將不可能教授；因為任何人怎麼有可能去教或

拉[4]提出萬物以人爲尺度[5]——他在這個起點上駐足不前——是在人是其他一切東西的尺度的意義上，而不是在個人不多不少是他自己的尺度這一蘇格拉底的意義上。

於是，我們知道人是什麼，並且這種智慧——我最不願去貶低這種智慧的價値——會不斷變得更加豐富和更加有意義，而眞理亦是如此。然而，認識都停滯不前，就像蘇格拉底站著不動那樣，[6]因爲現在認識中悖論的激情決意要激起衝

學他所不理解的東西呢？但要是不論顯而易見的東西還是不明顯的東西都不可教授的話，那也就沒有什麼可以教授了（卷三，二五三—五四）。

4 普羅泰戈拉（**Protagoras**，約西元前四八五—西元前四一〇），古希臘哲學家，最早的智者。

5 關於普羅泰戈拉此一哲學命題，多次見於柏拉圖的作品之中。比如，在柏拉圖的《泰阿泰德篇》中，蘇格拉底問泰阿泰德：「關於知識，你恰巧提出非同小可的理論，而且普羅泰戈拉也提過的。他只用另一方式講同樣道理。在某書上寫著：『個人是一切事物的權衡；存在者之存在、不存在者之不存在，標準並存於個人。』你讀過吧？」（**152a**，商務印書館，一九六四年版）

6 在柏拉圖的《會飲篇》中，阿爾基比亞德向大家敘述了蘇格拉底的這段軼事：「一天清晨

突，要是認識本身眞正不想讓自己衰落的話。這跟情欲的愛的悖論是相同的。一個人本來過著悠然自若的生活，後來，對另一個人——一個去向不明的人——的愛，激起了自我憐愛的悖論。（在所有愛中，自我憐愛是基礎或相當於基礎，那就是爲什麼我們可以想像的任何愛的宗教會像看待警言那樣，眞切地用以下唯一條件和假設是特定條件作爲前提的原因所在：愛自己，爲的是像愛自己那樣去愛鄰人。）[7]這種愛的悖論改變了情人，因此他幾乎不再認得出自己。（作爲情欲之愛的代言人，詩人們證明了這一點，就像情人們自己所證明的那樣，因爲他們

剛日出時他就開始沉思某個問題，站在那裡想得出神，沒有想好，他就一動不動地總站著，不肯放棄。一直到中午，戰士們看到他就這麼站著，十分驚異，相互說：『從黎明到現在，蘇格拉底怎麼一直站在那裡呆想？』又到了黃昏，一些愛奧尼亞士兵在晚飯後把被褥拿了出來，當然，那時正值夏季，他們要睡在露天，看一看蘇格拉底是否整夜都這麼站在那裡。嘿！他果然站在那裡，一直站到第二天黎明，當日出時，他向太陽做了祈禱，然後才走開。」（220c-d）

7 見《馬可福音》：「『你要盡心、盡性、盡意，盡力愛主——你的上帝。』其次就是說：『要愛人如己。』再沒有比這兩條誡命更大的了。」（12:30-31）

允許詩人們只去爲他們本人而不是爲他們的狀況說話。）認識的內在悖論也同樣以這種方式影響一個人及其對自己的認識，他一直以爲了解自己，現在卻不再拿得準自己是否眞是比百頭怪物還複雜的驕傲不馴的生靈，還是一種天生就分有一點神性的更簡單溫順的生靈（σκοπῶ οὐ ταύτα, ἀλλ ἐμαυτόν, εἴτε τι θηρί ου ὄυ συγκάυω τυφῶνος πολυπλοκώτερου καί μάλλον ἐπιτεθυμμένο εἴτε ἡμερώτερόυ τε καὶ ἁπλούστερου ζώου, θεὶας τιυός καὶ ἀτύφου μοὶρας φὺσει μετὲχου，《斐德羅篇X》230a）。

但這種認識因其悖論的激情而與此相衝突甚而干擾人及人的自知的未知東西是什麼呢？它是未知的。但它不是他所了解的人，或任何他所了解的其他東西。因此，讓我們把這種未知物稱爲上帝（God）。上帝只是我們給這未知物取的一個名稱。認識幾乎想不到有必要去論證這種未知物（上帝）的存在。也就是，假如上帝不存在的話，那當然就不可能去論證它。而假如他存在的話，那麼要去論證他的存在就顯得愚蠢可笑，因爲在論證開始的瞬間，我不會預設他的存在是不確定的——一個預設的東西是不會被假定爲不確定的，因爲這是預先假定了的——而會預設是確定的，否則我就無從著手，不難理解，要是上帝不存在，所有一切都將是不可能的。不過，要是我把「論證上帝的存在」的說法理解爲我想去論證那未知物，它存在的話就是上帝，那麼，我並沒有很恰當地表達我自己的意思，因爲那樣的話，我就是論證不存在的東西，論證一種最不可能存在的東西，我就只是展開一個概念的定義。要想去論證某種東西存在，通常是一件難辦的事情——更糟糕的是，對敢於去論證它的勇敢心靈來說，還有這樣一個難處，那就是，這樣做不會帶給他們任何名聲。整個論證的過程不斷變成完全不同的東西，變成對我從預先假定研究客體存在中所作推斷的一種最後的延伸性展開。因此，不管我是在可感知界域內進行，還是在思想界域內進行，我最終都論證不了存在，而只能從存在去論證。比如，我論證不了一塊石頭存在，而只能論證存在的某物是一塊石頭。法庭不論證一個罪犯存在，只論證實際存在的被告是一個罪犯。不管人們想把存在稱作一個附加條件還是稱作永恆的先決條件，它都永遠不可能被論證。我們還是謹慎一點，畢竟在我們看來沒有理由要像那些人一樣急於去論證存在，那些人有他們自己的理由，或是出於對自身的關心，或是出於對上帝的關心，或是出於對別的什麼東西的關心，所以必須急於去獲得某種東西存在的證明。倘使那樣的話，他們就有充分理由急於去論證，尤其當這些人並沒有狡詐地暗自竊想，不管他去不去論證，他本人或他所研究的客體實質上都是存在的，而是眞心顧忌到在他去證明其存在之前，他本人或他所研究的客體眞的有不存在的危險。

假如有人想從拿破崙[8]的著作中論證拿破崙的存在，那可能還不是最荒謬可笑的，因爲他的存在確實解釋了著作的由來，但著作卻論證不了他的存在，除非我預先認爲「他的」這個詞已經假定了他的存在。但拿破崙只是個人，在那個程度上，他跟他的著作之間沒有任何絕對的關係——因此其他人也可能寫出同樣的著作。也許那就是我不能由著作去論證存在的原因。如果我把著作稱爲拿破崙的著作，那麼這種論證就是多餘的，因爲我已經提到了他的名字。如果我忽視這一點，那麼我就絕不可能由這些著作去論證它們是拿破崙的著作，而只可能（純概念地）去論證，這些著作是一位偉大統帥的著作，或諸如此類人的著作。不管怎樣，在上帝和他的作品之間有一種絕對的關係。上帝（God）不是一個名稱，而只是一個概念，也許正因爲那樣，他的本質就包含著存在（essentia involvit existentiam）。[9]比如，埋首於上帝概念之中的斯賓諾莎，目的在於透過思想

---

8 拿破崙（一七六九—一八二一），法蘭西第一帝國和百日王朝皇帝，傑出的軍事統帥。

9 見斯賓諾莎的《倫理學》：「上帝，或實體——由無限的屬性組成，其中每一屬性都表示永恆和無限的本質——是必然存在的。」（第一部分）

去從上帝概念中引出存在（Voeren），不過請注意，那存在不是作爲一種偶然的特性，而是作爲一種本質的認定。這是斯賓諾莎的深刻之處，但讓我們看一下，他是如何做到這一點的。在《笛卡兒哲學原理》（*Principia Philosophiae Cartesianae*）的第一部分命題七定理一中，他說：「事物按其自身的本性越完善，就越具有更多和更必然的存在；相反，事物按其自身的本性越具有更必然的存在，它就越完善。」（拉丁文略）因此，越是完善就越存在；越是存在，就越完善。不過，這是一種恆眞句。這一點在一個注中甚至顯得更清楚，注十一寫道：「我們在這裡所說的並非人們所嚮往的美和其他完善的東西，人們由於迷信和無知才稱完善。我們說的完善，恰恰是指實在或存在。」（拉丁文略）他以實在（realitas）或存在（esse）去解釋完善。因此，事物越完善，它就越存在（is）；而它的完善，又在於它本身有更多的存在（esse），即它有越多的存在，它就越存在——關於恆眞句僅僅就這麼一些。但接下去，這裡還缺少在事實的存在和觀念的存在之間作一個區分。要是不去作這一區分，那麼這裡語言本身的模糊用法——所謂更多或更少的存在，因此也就是所謂存在的度——甚至就會變得更加混亂，換言之，雖然斯賓諾莎實際上講得很深刻，但卻沒有首先去探討這個疑難。對於事實的存在，談論更多或更少的存在是無意義的。當一隻蒼蠅存在時，牠就具有跟上帝一樣多的存在；對於事實的存在，我在這裡所寫的無聊注釋具有跟斯賓諾莎意義深刻的話一樣多的存在，因爲哈姆雷特的生存還是毀滅[10]的辯證法適用於事實的存在。事實的存在不在乎各種本質決定因素的差異，並且所有存在的東西都絲毫不用妒忌地同等分有存在。這跟觀念的情況確實完全不同。一旦我從觀念上說到存在時，我所說的就不再是存在而是本質。必然具有最高的觀念性，所以它存在。但所存在的是它的本質，因此，它顯然不可能因爲這種存在而成爲事實的存在的辯證決定因素；並且也不可能說它比其它東西有更多或更少的存在。這在以往大致被表示爲：假如上帝是可能的，他當然就是必然的（萊布尼茲）。[11]於是，斯賓諾莎的論點就是完全正確的，並且，恆眞句也是情有可

---

10 在莎士比亞的《哈姆雷特》（*Hamlet*）第三幕第一場，哈姆雷特王子自言自語說：「生存還是毀滅，這是一個值得考慮的問題。」（《莎士比亞戲劇集》，四，人民文學出版社，一九五八年版，第二〇三頁）

11 比如，見萊布尼茲的《單子論》（*Monadology*）第四十四條：如果在本質或可能性中，或更確切地說在永恆的真理中，有一種實在，這實在必定需要被發現在某種存在著的和現實的東西中，並因此在必然的存在的實存中，在它們之中，本質包含實存，或在它們是可

原的，當然他也完全避開了這個困難，因爲這個困難就在於去領會事實的存在，並讓上帝的觀念性介入事實的存在。

因此，上帝的作品只有上帝能造就。一點不錯。那麼上帝的作品又是什麼呢？我想要以此去論證上帝存在的作品並非直接的存在，完全不是。難道能說自然和善德中的智慧，或者治理的智慧恰好就在我們眼皮底下嗎？在這裡，我們的心靈不是面臨最可怕的盤問嗎？並且，到底有沒有可能去了結所有這些盤問呢？但我依然按這樣一種事物條理去論證上帝的存在，並且，即使我開始去論證，也永遠不會了結，還不得不老是把心思懸置起來（**in suspenso**），生怕會發生什麼可怕的事，使我未完的論證毀於一旦。因此，我得從什麼作品去論證上帝存在呢？就從被當做觀念看待的作品去論證——也就是說，這些作品並不直接顯現。然而我最終並未從作品去論證它，而只是去展開我已經預設了的觀念性；相信

能的當中是現實的。

第四十五條：因此只有上帝（或必然的存在）具有這種特點，即他必定是存在的。如果他是可能的。

那種觀念性，[12]我甚至敢於蔑視所有反對意見，甚至那些目前還未出現的反對意見。於是，我一開始對觀念性的預設，就預設了我會成功地這樣做，而這無非是預設上帝存在並且實際上一開始就信賴他。

而上帝的存在又怎樣從論證中脫穎而出呢？這是一下子發生的嗎？在這一點上它不就像笛卡兒的玩偶嗎？[13]一旦我放開這玩意兒，它就倒立著。「一旦我放開這玩意兒」——因此，我就應該放開它。對於論證來說，也是如此——只要我抓住論證不放（換句話說，繼續去進行論證），存在就不會顯現，只因爲我處於論證它的過程之中，而一旦我放開這論證，就有了存在。而這種放開，即使算不了什麼，畢竟是我的貢獻。這倏忽的一瞬間未必會被重視，但不論它是多麼短暫——它未必會是良久的，因爲它是一個飛躍。不論這瞬間多麼的倏忽，即使它就是立時立刻，這立時立刻也應當予以重視。倘若有人要去輕忽它，我想趁這個

---

12 比如，見安瑟倫（Anselm）的《道論篇》（*Proslogium*）第二部分，在那裡，他相信被假設的虛構的東西，並著手去論證它的實存。

13 指一種重心有點偏的不倒翁玩偶，當它的腳被鬆開就會打滾，他被謔稱為笛卡兒玩偶。

機會講個軼事，以便表明，它實際上依然存在。克律西波[14]試圖運用前進的或後退的連鎖三段論去確定一個質的界限。卡爾涅阿德[15]把握不了質實際上出現的關鍵點。克律西波告訴他，要是能在運算中停頓片刻，然後，那時——那時他就能更好地理解它。而卡爾涅阿德回答說：「請便，我不打擾你」；你不僅可以停頓片刻，即使躺下睡覺也可以——那都沒有關係。當你醒來以後，我們再在你停頓的地方開始。當然，事實也是這樣；想睡一覺去擺脫什麼就像想睡一覺去獲得什麼同樣的無用。

因此，任何想論證上帝存在的人〔並非在這樣的意義上，即無最後保留地（reservatio fimalis）去闡明上帝的概念，這最後保留就是我們曾指出的，存在本身透過一個飛躍從論證中脫穎而出〕反而證明了別的東西，這通常甚至是不需要去論證的東西，並且不管怎樣不會有比它更好的東西。儘管愚人心裡說沒

---

14 克律西波（Chrysippus，西元前二八二—西元前二〇九），古希臘斯多噶派哲學家。

15 卡爾涅阿德（Carneades，？—？），古希臘懷疑論哲學家。

有上帝，[16]而他卻在心裡說，我對別人說：「再稍等一會，我還要去論證它」——啊！他是一個多麼難得的聰明人！（一個多麼好的荒誕喜劇的主題！）要是他被假定在這瞬間開始去論證，那麼，上帝是否存在還是完全未定的，當然，那時他並未論證了它，如果那就是在開始時的情況，那麼，他絕不會去作一個開始，這一方面是因爲害怕自己不會成功，因爲上帝也許眞的不存在，而另一方面因爲他沒有什麼東西可以著手去論證——在古時候，這種事情幾乎誰也不去關心，至少蘇格拉底——他實際上促進了對上帝存在的所謂自然神學的論證[17]——自己不去

---

16 見《詩篇》：愚頑人心裡說：「沒有上帝。他們都是邪惡，行了可憎惡的事；沒有一個人行善。」（14:1）

17 自然神學指人可透過自然的理性認識上帝的學說，它在歐洲十七—十八世紀成為一種頗有影響的宗教神學運動。其代表人物是英國神學家佩利（Paley，一七四三—一八〇五），他在《自然神學》（*Natural Theology*）一書中，用類比的方法論證自然的設計者是一個理智的和仁慈的創造主。其實，早在古代希臘，蘇格拉底就有類似的看法。可參見色諾芬的《回憶錄》卷一，第四章，蘇格拉底說：「那麼，在你看來，最初造人的那位，豈不是為了有益的目的而把那些使人認識不同事物的才能賦予人：賦予人以眼睛，使他可以看

這樣做。他不斷預設上帝存在，並且根據這個預設，他力求灌輸合目的的觀念給自然。要是有人問他，爲什麼他要這樣做，他大概會解釋說，要是他沒有上帝存在這個信念支撐的話，他是沒有勇氣敢開始這探險航程的。可以說，他是應上帝的要求，才抛出他的羅網去捕捉和諧與合目的的觀念，因爲自然界本身爲擾亂人

到一切事物，賦予人以耳朵，使他可以聽到一切聲音嗎？如果沒有給我們鼻子，氣味有什麼用處？如果不是在嘴裡造了一個可以知覺甜、苦和其他一切適口滋味的舌頭，又怎能對這一切有所知覺呢？除了這些以外，由於眼睛是柔弱的，還造了眼瞼來保護它；眼瞼就好像門戶一樣，當需要看東西的時候就打開，睡覺的時候就關閉，你看這不是好像有預見之明一樣嗎？造睫毛長起來像屏風一樣，不讓風來損害它；在眼上邊造眉毛當遮簷，不讓汗珠從頭上滴下來使它感到難受；使耳朵能夠接受多色多樣的聲音，但卻不被它們所充塞；使所有生物的門齒都適於咬嚼，然後臼齒又從它們把食物接過來磨碎；把生物賴以取得它們所喜愛的食物的嘴巴放在靠近眼和鼻子的地方；而由於所排泄出來的東西是討人厭的，就使腸道盡可能通向遠離五官的地方——事物的安排是如此顯然地有預見性，它們是出於偶然還是出於計畫，你難道還能有所懷疑嗎？」（《回憶蘇格拉底》，商務印書館，一九八四年版，第二十八頁）

心，耍弄了許多嚇人的詭計和花招。

於是，認識中悖論的激情就是不斷跟這個未知物相衝突，這個未知物一定存在，但也是不被知道的，並且在那種程度上又並不存在。認識並不超出這種程度；而以其悖論性而言，認識不可能中止跟它的接觸和打交道，因爲要想表示認識跟未知物的關係，是不應當說這未知物是不存在的，因爲剛才說過那涉及一種關係。但要是上帝向我們表明的，不是它的存在，而只是未知物，那麼，這未知物又是什麼呢？要是因爲我們不可能認知它而去斷言它是未知物，而且即使我們能認知它，我們也不能去表達它，[18]這樣說，儘管已正確地將這未知物理解成新的領域，卻不能滿足認識中悖論的激情。但這個新領域顯然是會令激情頭痛的，儘管這新領域也是引起激情的誘因。然而它可能一無所成，不論它是經由否定的方式（via negationis）還是經由觀念化的方式（via eminentiae）。

18 恩披里柯記載，古希臘智者高爾吉亞（Gorgias）在他的《論非存在或論自然》（*Concerning the Non-existent or Concerning Nature*）一書中接連建立了三個主要論點——首先，沒有什麼東西存在；其次，即使有一些東西存在，人也難以理解；第三，即使有一些東西是可以理解的，它肯定也是不可表達的和不可傳達的。

那麼，這未知物是什麼呢？它是不斷來臨的新領域，所以，與此同時，運動範疇被不同的、絕對差異的靜止範疇取代。而正因爲是絕對的差異，才沒有任何識別的標記。規定絕對差異，看來像是接近對存在的揭示，但實際上並非如此，因爲認識甚至不可能去思考這絕對的差異；它不能絕對地否定自身，只能爲那個目的而去運用自身，從而去思考這差異本身，獨自去思考這個差異。它不可能絕對超越自身，所以只把它獨自去思考的崇高物視爲是超越自身的。如果這未知物（上帝）不是唯一的新領域，那這差異的一種看法就要跟對差異的多種看法相混淆。未知物由是處於消散狀態（διασπορά），而認識就要在可及的東西和可設想的（異常的、荒誕的以及諸如此類的）幻想的東西之間作一個引人注目的選擇。

但這種差異是不能被可靠地把握的。一旦要去把握它，就多半是種武斷，並且虔誠的深處蟄伏著以爲是它本身產生上帝的任意武斷。如果因爲沒有任何識別的標記，這種差異就不能被可靠把握，那麼，就跟一切事物都帶有辯證的對立面一樣，它同樣也帶有差異和相似的對立面——它們是同一的。堅持認識的話，這差異就混淆了認識，以致認識不認知自身，反而把自身跟差異全然混淆起來。在馳騁想像的王國，異教徒信仰曾經如同雨後春筍。關於剛才提到的假設——那是認識的自我嘲弄——我將只從幾條途徑去追溯，而不論它是否是歷史的。於是，那裡存在的某個人，就顯得跟任何其他人完全一樣，他也像其他的人那樣長大成人和婚嫁，有一份職業，也像常人那樣去考慮來日的生計。要能像鳥在空中飛翔那樣生活也許是妙不可言的[19]，但它卻是辦不到的，而在最惡劣的困境中，或則餓得要死——倘能忍飢耐餓的話，或則寄人籬下，實際上則有可能堅持到最後。這人也就是上帝。我怎麼知道那人是上帝呢？當然，我不可能知道那人也是上帝，因爲那樣的話，我們就必須得知道上帝和差異，而我卻並不知道這個差異，因爲認識已經把這種差異變成了相似，直到它不再是差異爲止。這樣，上帝就由於認識的自欺而變成了最令人敬畏的騙子。認識盡可能就近去了解上帝，而結果卻適得其反。

現在也許有人會說：「我完全明白了，你是一個耽於怪想的人，你肯定想不到，我眞怕這樣少見的或荒唐的怪誕想法，也許是任何人都沒有想到過的，這種

---

19 見《馬太福音》：「你們看那天上的飛鳥，也不種，也不收，也不積蓄在倉裡，你們的天父尚且養活牠。你們不比飛鳥貴重得多嗎？」（6:26）

怪誕想法太不合情理，我要先去排遣自己意識中的一切，才能去思考它。」你恰恰必須這樣做，難道你既想要保留你意識中的一切前提，卻又想要把你的意識考慮爲沒有任何前提的，這說得過去嗎？你多半不會否定這裡的陳述——即認識在把未知物規定爲差異方面最終走入迷途，並把差異跟相似混淆了起來——是連貫的吧？但這似乎暗示差異的東西，也就是說，假使一個人眞要對未知物（上帝）有所認識，他首先應該認識到，上帝跟他是有差異的，上帝跟他有絕對的差異。單憑認識是不可能得知這種差異的（因爲上面已經說過，這是一種矛盾）；如果認識打算去得知這種差異，它應當從上帝那裡得知，而要是認識得知了這是絕對的差異，它也就不可能了解這差異，因此就不可能得知這差異，因爲認識又怎麼可能理解絕對的差異呢？要是這種差異不是直接自明的，那麼它應當由推論而變得更清楚，因爲假使上帝絕對不同於人，那麼，人也絕對不同於上帝——而認識又怎麼可能去領會這種絕對的不同呢？這裡，我們看來陷入了悖論。正因爲得知上帝是差異，而且得知上帝絕對不同於他，人才需要上帝。但倘使上帝眞的絕對不同於人，其可能具有的根據不是在人歸於上帝的那種東西裡（因爲在某種程度上，他們是類似的）而是在人歸於他自己的那種東西裡，或者在他表白自己的那種東西裡。那麼，差異又是什麼呢？實際上，差異只是罪，因爲這種差異，這種絕對的差異，應該是由個人自己引起的。我們在前面說到這一點，我們說，個人由於他自己的過錯因而是沒有眞理的，我們曾半開玩笑半當眞地以爲，要他自己去明白這一點是實在太難了。現在我們又說到同一節骨眼上。熟悉人的本性的行家[20]一旦碰上這差異時，也會變得不知所措；他不再明白，自己是否是比百頭怪物更難以理解的生靈，還是在自己身上眞有一點神性的東西。那麼，他缺少什麼呢？缺少罪的意識，就像別人不能把罪的意識教給他一樣，他也不能把罪的意識教給別人。只有上帝能教以罪的意識——要是上帝想成爲教師的話。但他就像我所講的故事那樣，實際上眞想成爲這教師，爲的是，他想跟每個人平等相處，使他能夠完全理解每個人。於是，悖論甚至更變本加厲，或者說，同一悖論具有它藉以顯現爲絕對的二重性——從消極一面講，在於使罪的絕對差異變得更加突出，從積極一面講，在於又想以絕對的平等取消這絕對的差異。

但諸如這樣一種悖論是可以想像的嗎？我們不必急於去回答；每當因回答問題而發生爭論時，這種爭論往往不像田徑場上的競爭，獲勝的關鍵不在速度而在

20 指蘇格拉底。

正確性。認識當然不可能想到這種悖論，也不可能光憑認識本身突然想起它，假使講明是悖論，認識也不可能理解它，而只是發現悖論很可能是它（認識）本身的失敗。在某種程度上，認識強烈反對悖論，然而另一方面，認識因其悖論的激情實際上決意要它本身失敗。但悖論也決意要認識的這種失敗，因而雙方有一種共同的了解，但這種了解只出現在激情的瞬間。讓我們細想一下情欲之愛的條件，儘管它是一種有缺陷的比喻說法。自愛是愛的基礎，但當它處於頂點時，它那悖論的激情就決意要它自己降下來。情欲之愛也決意要這樣做，所以，這兩種力量都在激情的瞬間處於共同的了解之中，而這種激情恰正就是情欲之愛。那麼，情人何以不會想到這一點，儘管因自愛而害怕情欲之愛的人既不可能了解這種愛，也不敢大膽表示這種愛，因爲這種愛實際上是他的失敗。情欲之愛的激情亦是如此。當然，自愛已經失敗，不過它沒有消滅而只是被俘虜，並且是情欲之愛的戰利品（spolia opima）。但自愛可能再次恢復生氣，而這種恢復生氣的自愛就成了情欲之愛的精神磨難。悖論跟認識的關係也是如此，撇開這種激情有不同的稱法，或者確切地說，我們只需爲這種激情設法尋找一種稱法。

附錄：悖論的冒犯——一種聽覺的幻想

如果悖論和認識在對它們差異的共同了解中遭遇，那麼，這遭遇是一種快樂的遭遇，就像情欲之愛的認識一樣——對於在激情中的快樂，我們至今還沒有提供任何稱法，我們在後面也不提供任何稱法。如果這不是在共同了解中的遭遇，那麼，認識與悖論的這種關係是不幸的，並且是認識的不幸的愛，要是我敢那樣去稱呼它的話（請注意，那只是譬喻源自於被曲解的自愛的不幸的愛；因爲機遇的功能在這裡是無能爲力的，這種譬喻並沒有任何進一步的附會），我們就可以更明確地稱之爲冒犯。

所有冒犯在其最深層次上都是一種受難。我們的語言正確地把一種無拘束的興奮狀態稱爲一種精神的受難（sindslidelse），儘管在使用「興奮狀態」這個詞時，我們通常想到的是使我們震驚而驟然爆發的狂放失態，我們會因此而忘卻這是一種受難。[1]比如，恣肆狂妄，蔑視一切等。[2]在這一點上，它類似於那種不幸的愛。即使自愛（自愛是一種受難，這看來不已經是一個矛盾嗎？）在驚人行爲的最魯莽舉動中也自稱它是受難，它受傷害，而傷害的痛苦就引起對模擬行爲的力量的這種錯覺的表示，並且多半還能騙人，尤其是因爲自愛特別隱匿了這一點。實際上，即使把自愛硬塞給愛的對象，即使它苦苦訓練自己無情的冷漠並爲顯得冷漠而折磨自己，即使它因成功地做到這一點而得意忘形（這種樣子是最容易騙人的）——即使那樣，它還是受難。

對冒犯來說亦是如此。不過，它寧願表達自身，即使它揚揚得意地慶賀冷漠的勝利，它仍永遠是一種受難。不論這被悖論冒犯的人是否幾乎像一個乞丐，沮喪地呆坐著——因他受難而發呆，或者即使他自己準備了笑料，並且他智慧之箭

---

1 比如，見斯賓諾莎的《倫理學》：「我把情感解釋為身體的變態，依靠所說身體的能動力而被增加或減少、被幫助或抑制，並且也是這些變態的觀念。注意，如果我們可能是這些變態的任何一個的充分理由，那麼我們就稱情感為一種能動性，否則我就稱它為一種激情，或者在那裡理智是被動的狀態。」（第三部分，定義三）

2 丹麥文 lidende 字面上指「受難」或「遭受」，因此跟能動性和能動作用相反，是被動性和受動能力。

彷彿從這處去瞄準——他仍然是在受難，並且不留一點餘地。不論冒犯是否發生和從被冒犯者那裡獲得最後一點安慰和快樂，或者冒犯是否使他變得堅強——冒犯仍然是一種受難。由於跟強者搏鬥，他的精神狀態天然地類似於精疲力竭者的精神狀態，那實際上表示一種非凡的堅韌。

不過，我們足以區分受難的冒犯和主動的冒犯，然而，我們不要忘記，受難的冒犯就它不會聽任自己完全被消滅而言是主動的（因爲冒犯總是一個行爲，不是一個事件）。而主動的冒犯總是軟弱的，不足以能把自身從被釘的十字架上拉開，或去拔掉受其傷害的箭。語言的用法也表明，所有冒犯都是一種受難。我們說「被冒犯」，那原本只是表示狀態，但我們也同義地說「受冒犯」（受難（lidende）和行爲同一」。在希臘文中，行爲這個詞來自「冒犯、唐突」，所以是指受唐突。這裡的傾向是清楚的；唐突不是冒犯，而受唐突才是冒犯，因此是被動的（passivt），它儘管自己受唐突，同樣也是主動的。因此，不是認識本身引起冒犯，因爲光是認識發現的悖論的唐突所顯示的既不是悖論也不是冒犯。

但恰恰因爲在某種意義上冒犯是一種受難，這個發現——如果可以這樣說的話——並不屬於認識而屬於悖論，因爲就像眞理既是本身的標準又是虛假的標準

（index sui et falsi）[3]，悖論也同樣如此，並且冒犯並不自知（在這方面，蘇格拉底的一切罪惡都出於無知的原理[4]是正確的；罪惡實際上並不自知，但這並非指不可能有意作假），而是被悖論所知。因此，不管冒犯怎樣去表達自身，它總是來自別的地方——實際上來自相反的角落——的聲音，然而由它傳出的正是悖論的聲響，並且，這實際上是一種聽覺的幻想。但倘若悖論是它本身的標準和

---

3 見斯賓諾莎的《倫理學》：「此外，有什麼東西可能比作為真理標準的一種真實的理念更清晰和更可靠呢？正如光既照亮自己又照亮黑暗，所以既是本身的標準又是虛假的標準的真理。」（第二部分，命題四十三）

4 見色諾芬的《回憶錄》：（蘇格拉底還說，）正義和一切其他德行都是智慧。因為正義的事和一切道德的行為都是美而好的；凡認識這些事的人絕不會願意選擇別的事情；凡不認識這些事的人也絕不可能把它們付諸實踐；即使他們試著去做，也是要失敗的。所以，智慧的人總是做美而好的事情，愚昧的人則不可能做美而好的事，即使他們試著去做，也是要失敗的。既然正義的事和其他美而好的事都是道德的行為，很顯然，正義的事和其他一切道德的行為，就都是智慧（《回憶蘇格拉底》，商務印書館，一九八四年版，第一一七頁）。

虛假的標準（index and judex sui et falsi），那麼，冒犯可以被看作是對悖論的正當性的一種間接的檢驗，因爲冒犯是記錄錯誤的帳冊，是作假的結果，悖論要以冒犯去開拓。被冒犯者不會按照他自己的本性說話，[5]而會按照悖論的本性說話，就像有人醜化別人那樣，他不是創作屬於這個人的東西，而只是以錯誤的方式去臨摹其他的東西。冒犯的表示越是深刻地隱含在激情之中（行爲或受難），冒犯多少受惠於悖論這一點就越是明顯。那麼，冒犯就不是認識的起點——絕不是那樣，因爲那樣的話，認識應當也會引起悖論。不！冒犯是由於悖論才得以實存；要是它得以實存，那麼，我們在這裡就又有了瞬間，一切實際上都繞著這瞬間轉。讓我們簡要說明一下。如果我們不假設瞬間，我們就要回到蘇格拉底那裡，而我們爲了有所創見，恰恰想要去辭別蘇格拉底。如果設定了瞬間，於是就有了悖論，因爲悖論按其最簡化的形式，也可以被稱爲瞬間。由於瞬間，門徒變

5 見《約翰福音》：你們是出於你們的父魔鬼，你們父的私欲你們偏要行。他從起初是殺人的，不守真理，因他心裡沒有真理。他說謊是出於自己；因他本來是說謊的，也是說謊之人的父（8:44）。

得沒有眞理；有自知之明者變得對自己困惑起來，並且在他獲得罪惡一類意識之後，就不再有自知之明，因爲我們一旦假設了瞬間，一切就都取決於瞬間本身。

從心理學的觀點來看，在較主動的冒犯和較被動的冒犯的範疇內部具有頗多細微的差別。描述這些差別不是本章所關心的，但重要的是去強調，所有冒犯本質上都是瞬間的一種誤解，因爲瞬間實際上是悖論的冒犯，而悖論本身也就是瞬間。

瞬間的辯證法是並不煩難的，在蘇格拉底看來，瞬間是看不到或者辨認不出的；它並不存在，過去沒有，將來也不會有。所以門徒本人是擁有眞理的，作爲機緣的瞬間只是一種無稽之談，就像印在最後一頁的書名實際上不是該書的書名那樣。並且，所謂決定性瞬間的說法是愚拙的，[6] 因爲要是假設這是決定性的，那麼（見上面）門徒就成了沒有眞理的。而恰恰這種沒有眞理使瞬間作爲一個開端變得必要。冒犯表示的瞬間是愚拙的，悖論是愚拙的——悖論聲稱認識是可笑的，但這現在是作爲由冒犯發出的一種回聲。抑或瞬間應當是不斷迫近的；是一

---

6 見《哥林多前書》：我們卻是傳釘十字架的基督，在猶太人為絆腳石，在外邦人為愚拙（1:23）。

種等候和注視，並且瞬間應當是值得密切注意的非常重要的東西，但因爲悖論使認識成爲可笑的，認識視爲非常重要的東西是沒有任何識別標誌的。

冒犯依然處在悖論之外，其根據是：因爲它是不合理的（quia absurdum）。然而認識未曾發現這一點，反倒是悖論發現這一點，並且立即從冒犯那裡取得證據。認識聲稱，悖論是不合理的，但這只是一種可笑的滑稽模仿：悖論確實是悖論，因爲它是不合理的。冒犯依然還處在悖論之外，並保留了可能性；而悖論是最不可能的。再者，也並非認識發現悖論是最不可能的，認識僅僅只是鸚鵡學舌般地複述不管看來是多麼不可思議的悖論，因爲悖論本身表明：喜劇、小說和謊言都應該是可能的，但我怎麼會是可能的呢？冒犯依然處在悖論之外——這不足爲奇，因爲悖論就是奇蹟。認識沒有發現這一點；相反倒是悖論把認識引領到奇異的椅凳上[7]並回答說：「現在，你對什麼感到驚奇呢？」它正像你所表明的，

7 一種被稱為「奇異的凳子」的遊戲。玩遊戲時，一人被蒙上眼睛坐在一個圓圈當中的凳子上，另一個人繞著圓圈走，輕聲問其他人，他們對坐在凳子上的人感到驚奇的是什麼。在聽到其他人的回答後，他就要設法去猜測他們感到驚奇的原因。

而令人驚奇的是，你卻以爲它是一個缺點，出於一個僞善者之口的眞理對我來說要比從一個天使和一個使徒那裡聽到的更加親切。當認識爲它跟悖論——在認識看來，悖論是最低級不足取的——相比它那奪目的光彩而揚揚得意時，那種光彩卻並非出自認識，相反，悖論才是所有這種光彩的始作俑者，它把所有的光彩——甚至有缺陷的光彩（vitia splendida）——都讓給了認識。當認識想去憐憫悖論並想幫它做解釋時，悖論卻並不領情，反而認爲由它去憐憫認識並幫認識做解釋才更合適，那對哲學家們——他們把神妙的東西變得平庸淺薄——不也合適嗎？[8]當認識不可能去接受悖論時，其原因不在認識，而在悖論本身，悖論本身過於荒謬，居然恬不知恥地把認識稱作一個呆子和一個笨伯，認識對同一事物充其量只能說「是」或「不」，那卻不是好的神學。[9]這對冒犯來說亦是如此。

8 見莎士比亞的《終成眷屬》：他們說，奇蹟是過去的，我們有我們的哲學家，他們可以去把今人熟知的東西變成不可思議的和無緣由的（第二幕第三場）。

9 見莎士比亞的《李爾王》：嚇，長著白鬍鬚的貢納梨（Goneril）！她們像狗一樣向我獻媚。說我在沒有出黑鬚以前，就已經有了白鬚。我說一聲「是」，她們就應一聲「是」；我說一聲「不」，她們就應一聲「不」（《莎士比亞戲劇集》五，人民文學出版社，一九五四冒犯關於悖論所說的一切都是它從悖論那裡學來的，儘管是利用了一種聽覺的幻想，冒犯還是堅決認爲悖論是由它引起的。

但也許有人會說：「你實在令人討厭，因爲現在我們又完全重複了同樣的故事，你以悖論之口所表述的一切話完全不屬於你。」——「這些話怎麼會屬於我的呢？因爲它們實際上屬於悖論。」——「別讓你的狡辯煩擾我們吧！你完全清楚我的意思。那些話不屬於你，但卻非常熟悉，並且人人都知道它們屬於誰。」——「啊！我的老兄，你的話並不令我難受，也許你未料到吧；不，這些話使我非常高興，我得承認，在我寫下它們時，我曾經擔憂過。我自己也認不得自己，難以想像，通常是如此缺乏自信和膽怯的我，竟敢於去寫下這一類東西。但倘使它們眞不是我自己的話，那麼勞駕你告訴我，它們又是誰的話呢？」——「這太容易了。這些話首先來自德爾圖良[10]；其次來自哈曼[11]；第三來自哈曼；

年版，第二七二頁）！

10 德爾圖良（Tertullian，約一五五—二四〇），古羅馬基督教神學家，有首位拉丁教父之稱。

11 哈曼（Hamann，一七三〇—一七八八），德國神學家。

第四嘛，來自常被引證的拉克坦提烏斯[12]；第五來自莎士比亞喜劇《終成眷屬》（第二幕第三場）；第六來自路德；而第七是在莎士比亞的《李爾王》中的一行。你看到了吧，我知道自己的職責，也知道怎樣去把你連同剽竊的贓物都一起抓獲。」——「說眞的，我都明白，但請告訴我這一點——所有你提到的這些人都沒有談到悖論跟冒犯的關係，並請你注意，他們都不是被冒犯者，而是斷然堅持悖論的人，可是卻被說成彷彿他們都是被冒犯者，但冒犯卻不可能提出比那更驚人的說法。悖論似乎就這樣奪了冒犯的生計，使冒犯的本事無利可圖，白白操心，就像一位對手那樣古怪，他心神恍惚，不去抨擊作者卻去爲他辯護，這不奇怪嗎？你看起來不也是這樣嗎？不過，冒犯仍然有一個優點：它更明確地強調差異，因爲在我們至今還沒有去命名的那種快樂的激情中，差異其實是對認識友善的。爲了結合在某個第三者中，差異是必要的，但差異恰恰是這第三者——因爲

12 拉克坦提烏斯（Lactantius，約二四〇—三二〇），基督教護教士，拉丁教父中著作流傳最廣的一位。他的著作中尚存的僅有論基督教父的部分。

認識放棄自身而悖論獻出自身（她半拉他，他半沉下），[13]並且，認識處在那種快樂的激情之中，無疑就會獲得一個稱法，但這是它最次要的方面，即使我的幸福沒有一個稱法——但只要我是快樂的，我就別無所求。」

13 出自歌德的詩〈漁夫〉（Der Fischer）。

第四章　與主同時的信徒的處境[1]

1 與主同時的信徒（the Contemporary Follower）指跟耶穌（約生於西元前十年）同時代的信徒。與此相應，the Contemporary 譯為「與主同時的人」，或「主的同齡人」，the Contemporaneity 譯為「與主的同時代」或「同時性」。

因此（就繼續我們的詩篇吧），上帝已經作爲一個教師露面。他像一個奴僕的樣子出現，在他的地位，派遣另一個人，即使是一個他完全信賴的人，也是不會使他滿足的，就像高貴的國王，在他的地位，派遣王國中他最信賴的人也不會使他滿意一樣。不過，上帝還有另一個原因，因爲在人與人之間，蘇格拉底式的關係實際上是最高最眞實的關係。因此，如果上帝不親自到來的話，那麼一切就仍然是蘇格拉底的方式，我們就不會有瞬間，我們也不會獲得悖論。但奴僕的樣子並非就是穿戴點僕人的衣著，而是實實在在的奴僕，並非就是不食人間煙火的，而是有血有肉的，並且，上帝從出自他那全能者之愛的全能決心的時刻起，他就成了一個奴僕，可以說，他本人已被決意要做的事拴住，而現在他已身不由己，欲罷不能了（倘若不確切地說的話）。他不會暴露他的身分；他不可能像那位高貴的國王，突然亮出他原來是位國王——那只表明國王的無能和他的決意的無能，國王根本不是完人（所以才有這種可能性），他實際上是沒有能力想到就去做到的。儘管上帝在他的地位不會派遣任何人，不過，他會預先派個人，讓門徒知道。當然，這位先遣者不可能知道上帝想要傳授點什麼，因爲上帝的到來不是他傳授所附屬的，而是實質性的。上帝以人的樣子到來——實際上，是以一個奴僕的謙卑樣子到來——恰恰就是傳授，並且，上帝本身應該提供條件（見第一章）；要不然，門徒是理解不了任何東西的。透過這樣一位先遣者，門徒才開始有所意識，但也僅此而已。

不過，上帝並不是爲了嘲弄人類才採取奴僕的方式；因此，他的目的不可能是以這種人人都不得而知的方式去走遍人世的。他大概會允許人們了解一些有關他本人的事情，儘管爲此所作的任何遷就實質上都無助於並未接受條件的人，因此，窺探他實際上就是強制他，並且是違背他意願的，也許把門徒吸引過來，跟疏遠門徒是完全一樣的。他低聲下氣，眞像奴僕的樣子，[2]但他當然不會活得像一個奴僕，專門替一個人幫傭，執行他派給的工作，而不讓他的主人或他的夥伴了解他是誰——我們簡直沒有勇氣把忿怒一類東西歸於上帝。所以，他取奴僕的樣子，這事實只表示他是一個謙卑的人，一個既不穿細軟衣服[3]也不以其他任

2 見《腓立比書》：他本有上帝的形象，不以自己與上帝同等為強奪的；反倒虛己，取了奴僕的形象，成為人的樣式；既有人的樣子，就自己卑微，存心順服，以至於死，且死在十字架上。（2:6-8）

3 見《路加福音》：「你們出去，到底是要看什麼？要看穿細軟衣服的人嗎？那穿華麗衣服、宴樂度日的人是在王宮裡。」（7:25）

何世俗的尊優使自己跟芸芸眾生分隔開來的謙卑的人，並且他跟其他人沒有什麼區別，甚至跟他下凡前留下的無數營團的天使[4]沒有什麼區別。但不過，儘管他是一個謙卑的人，他所關心的卻不是人們通常所關心的那些東西。他獨來獨往，並不關心去支配和分發這個世界的財產，他像一無所有並希望一無所有的人那樣獨來獨往，像空中的飛鳥那樣不關心他的生計，[5]像沒有任何藏身之處或洞穴[6]並且不去尋找這樣一個地方的人那樣不關心住宅家屋。他不關心陪送死者到他們的墓穴，[7]不爲通常吸引人們注意的事情所吸引，不讓任何討人喜歡的迷人女性拴住，而只去尋求朋友之愛。所有這一切似乎都非常美好，但這一切也是合適的

---

4 見《馬太福音》：「你想，我不能求我父現在為我差遣十二營多天使來嗎？」（26:53）

5 見《馬太福音》：「所以我告訴你們，不要為生命憂慮吃什麼，喝什麼；為身體憂慮穿什麼。生命不勝於飲食嗎？身體不勝於衣裳嗎？你們看那天上的飛鳥，也不種，也不收，也不積蓄在倉裡，你們的天父尚且養活牠。你們不比飛鳥貴重得多嗎？」（6:25-26）

6 見《馬太福音》：耶穌說：「狐狸有洞，天空的飛鳥有窩，人子卻沒有枕頭的地方。」（8:20）

7 見《馬太福音》：耶穌說：「任憑死人埋葬他們的死人；你跟從我罷！」（8:22）

嗎？他這樣做不就使自己高出通常人的條件了嗎？至於人像鳥那樣無憂無慮，甚至像鳥那樣不爲覓食而到處飛翔也是適當的嗎？他難道不用爲明天憂慮嗎？我們並非不會用詩去表達上帝，但一篇虛構的詩又能體驗到什麼呢？它能體驗太陽下山還在尋找住處的飄泊不定的四處流浪嗎？[8]問題在於：人表達得了上述事情嗎？要不然的話，上帝所顯現的就不是本來的人。誠然，要是人能表達的話，他也就能做到這一切。要是他能變得對精神服務如此的全神貫注，以至於根本想不到去謀利飲食，要是他確信，貧窮移不了他的志向，苦難壓不垮他的軀體，並悔恨，自己在想更多的求知前，不首先去弄明白童蒙的課業——不錯，那樣的話，他就確實可以做到這一切，並且，他的偉大甚至比百合花默默的信念更榮耀。[9]

教師這般高尚地專注於自己的工作，使他引起了大眾的注意，也許他們中有

---

8 見《路加福音》：他們卻強留他，說：「時候晚了，日頭已經平西了，請你同我們住下吧！」耶穌就進去，要同他們住下（24:29）。

9 見《馬太福音》：「何必為衣裳憂慮呢？你想野地裡的百合花怎麼長起來；它也不勞苦，也不紡線。然而我告訴你們，就是所羅門極榮華的時候，他所穿戴的，還不如這花一朵呢！」（6:28）

的人就成了他的學生，也許這教師會屬於地位低下的一類人，因爲聰明好學的人肯定會先向他提出詭辯式的問題，請他一起討論，或者讓他受一次盤問，在那之後，就爲他擔保一個終身職位或一份生計。

那麼，我們這就請上帝走遍他所露面的城市（至於哪一座城市是無關緊要的）；去宣稱他把自己的傳授看作生活中唯一要做的事，看作就是他自己的食物。[10]教人是他的工作，而關心門徒則被他看作是工作中的快樂。他無親無友，但在他看來，門徒就是他自己的弟兄姊妹。[11]大家都知道，傳聞形成得快，好奇的大眾信之也快。教師無論走到哪裡，那裡的人們就簇擁在他身邊，[12]好奇地看著他，好奇地聽他說，他們逢人就想說，自己親眼見到了他，親耳聆聽到他。這

---

10 見《約翰福音》：耶穌說：「我的食物就是遵行差我來者的旨意，作成他的工作。」（4:34）

11 見《馬太福音》：他卻回答那人說：「誰是我的母親？誰是我的弟兄？」就伸手指著門徒，說：「看哪，我的母親，我的弟兄。凡遵行我天父旨意的人，就是我的弟兄姊妹和母親了。」（12:48-50）

12 比如，見《馬太福音》：當下，有許多人從加利利、低加波利、耶路撒冷、猶太、約旦河外來跟著他（4:25）。

些好奇的人是門徒嗎？根本不是，抑或，要是那城市中一位專職教師準備偷偷來到上帝跟前，爲的是去測試他在對話中的論辯力，[13]這人是門徒嗎？根本不是。倘使大眾或那位專職教師眞學到了一些東西，那麼在純蘇格拉底的意義上，上帝

13 見《約翰福音》：有一個法利賽人，名叫尼哥德慕，是猶太人的官。這人夜裡來見耶穌，說：「拉比，我們知道你是由上帝那裡來作師傅的；因為你所行的神蹟，若沒有上帝同在，無人能行。」耶穌回答說：「我實實在在地告訴你，人若不重生，就不能見上帝的國。」尼哥德慕說：「人已經老了，如何能重生呢？豈能再進母腹生出來嗎？」耶穌說：「實實在在的告訴你，人若不是從水和聖靈生的，就不能進上帝的國。從肉身生的就是肉身；從靈生的就是靈。我說：『你們必須重生』，你不要以為稀奇。風隨著意思吹，你聽見風的響聲，卻不曉得從哪裡來，往哪裡去；凡從聖靈生的，也是如此。」尼哥德慕問他說：「怎能有這事呢？」耶穌回答說：「你是以色列人的先生，還不明白這事嗎？我實實在在地告訴你，我們所說的是我們知道的；我們所見證的是我們見過的；你們卻不領受我們的見證。我對你們說地上的事，你們尚且不信，若說天上的事，如何能信呢？除了從天降下、仍舊在天的人子，沒有人升過天。摩西在曠野怎樣舉蛇，人子也必照樣被舉起來，叫一切信他的都得永生。」（3:1-15）

就僅僅只是機緣。

上帝的露面現在成了在家中和王宮中、在市集廣場上和政務會議上的當日新聞；成了大量無聊閒談的誘因，也許還是較嚴肅思考的誘因。但對於門徒來說，這當日新聞是永恆，是永恆的起點，而不是其他什麼東西的起點，甚至也不是他以蘇格拉底的誠實讓自己陷入沉思的誘因。上帝的露面這當日新聞就是永恆的開端！如果上帝讓自己生在一個小旅店，包在破布中，放在馬槽裡[14]——比當日新聞還更矛盾的是，這襁褓中的永恆，就跟想像的一樣，其實是永恆的現實方式，所以，瞬間實際上決定了永恆！要是上帝不提供條件去了解這一點，門徒又怎麼會想到它呢？但我們已把上帝提供條件那件事解釋爲瞬間帶來的結果，並且我們已指出，瞬間就是悖論，要沒有這瞬間，我們除了回到蘇格拉底是別無出路的。

正是這裡，我們應當明白，一個歷史的起點[15]顯然也是與主同時的信徒的一

14 見《路加福音》：他們在那裡的時候，馬利亞的產期到了，就生了頭胎的兒子，用布包起來，放在馬槽裡，因為客店裡沒有地方（2:6-7）。

15 見扉頁題詞。

個問題，因爲要是我們至今還不明白這一點的話，當我們稍後（在第五章）論及這信徒——我們稱之爲再傳信徒——的處境時，我們就會面對一個難以克服的困難。與主同時的信徒的永恆意識也獲得一個歷史的起點，因爲他其實是跟這樣一個歷史事件同時代的，這歷史事件並不打算作爲一個機緣的瞬間，這歷史事件打算讓他只具有歷史的興趣，打算作爲他的永恆幸福的條件。實際上（讓我們把這結果顚倒一下），要是不這樣的話，教師不是上帝而只是一個像蘇格拉底那樣的人，倘使這個人不像蘇格拉底那樣處事，那麼，他就連像蘇格拉底也談不上。

於是，門徒由此就從這個悖論達到一種認識，因爲我們所說的，不是他應當了解這悖論，而只是他準備了解這是悖論。我們已指出這是怎麼發生的。這是在認識和悖論剛好在瞬間中遭遇時才發生的，是在認識退讓一邊而悖論獻出自身時發生的，於是，某種第三方的東西，某種使這一切由此發生的東西（因爲它並非由於被解除的認識才發生的，或者由於獻出自身的悖論才發生的——而是由於某種東西），就是我們現在將給予一個稱法的那種快樂的激情，儘管在我們看來，這並不是一個稱法的問題。我們將把它稱爲信仰。於是，這激情應當就是上面提到過的由悖論提供的條件。請記著：假如悖論不提供條件的話，那麼門徒就占有悖論；而假使門徒占有條件的話，那麼，他本身當然就是眞理，並且，瞬間才只是機緣的瞬間（見第一章）。

與主同時的門徒很容易獲得詳盡的歷史資料。但我們不要忘記，有關上帝誕生的問題，與主同時的門徒的處境和再傳信徒的處境是完全相同的，倘使我們一定要有這方面絕對精確無誤的歷史知識，那就只有從一個人那裡才能完全得知，這就是上帝讓其生下自己的那位婦人。因此，與主同時的門徒不難成為一個歷史見證人，但麻煩在於，認知一個歷史事實——其實是像見證人那樣可靠地去認知所有歷史事實——絕不是讓見證人成為一個信徒，這是可以理解的，因為這種知識對於他來說只是歷史的知識。這裡，在更具體意義上的歷史知識，立刻顯得無關緊要；我們可以讓無知走進這裡，那好比是讓它破壞一個接一個事實，讓無知從歷史上去毀壞歷史知識——只要瞬間依然作為永恆的起點存在，只要悖論依然存在。

假設有這麼一位主的同齡人，他為了能陪伴那位教師，甚至連睡覺也可以不顧，這樣，他就像鯊魚周圍的小魚，須臾不離地陪伴著教師，假設他為此還有一百個偵探，在各處暗中監視這教師，他每夜都跟他們商談，所以他掌握了那個教師的全部檔案，甚至連教師最瑣屑的細節也不放過，他知道教師白天每時每刻到過哪裡，說過什麼話，出於他的熱誠，使他把哪怕最微不足道的細節也看作是重要的——這麼一位主的同齡人也許就是信徒了吧？完全不是。倘若有人以歷史知識的不可靠指控他，那麼他會洗他的手，[16]但也僅此而已。假設另有一位主的同齡人，他只關心教師不時提出的訓導，假設他對教師親口所說的每一句訓導的話看得比自己每天的食糧更珍貴，假設另外還有一百個人幫他去聽清教師所說的每一個音節，確保點滴不漏，[17]假設他煞費苦心地跟他們商議，以求獲得對教師訓導的最可靠的看法——他也許因此就是信徒了吧？完全不是——恰恰除了柏拉圖，任何人都不是蘇格拉底的信徒。假設有這麼一位曾在國外生活過的主的同齡人恰好在那教師臨死前一兩天回家，假設那位同齡人也因事務忙碌抽身不出去看望那教師，並且只是在教師奄奄一息的最後時刻才到場，要是瞬間對於他來說眞具有永恆的決定意義，那麼，這種歷史的無知會妨礙他得以成爲信徒嗎？對於上

---

16 見《馬太福音》：彼拉多見說也無濟於事，反要生亂，就拿水在眾人面前洗手，說：「流這義人的血，罪不在我，你們承當吧。」（27:24）

17 見《馬太福音》：耶穌卻回答說：「經上記著說：人活著，不是單靠食物，乃是靠上帝口裡所出的一切話。」（4:4）又見《約翰福音》：耶穌說：「我就是生命的糧。到我這裡來的，必定不餓；信我的，永遠不渴。」（6:35）

面說到的第一位主的同齡人來說，那樣的人生可能只是一個歷史的事件；對於上面說到的第二位主的同齡人來說，那教師可能成爲他認識自己的機緣，並且他將會忘記那個教師（見第一章），因爲跟一種永恆的自我認識相比較，關於教師的知識只是偶然和歷史的知識——只是有助於喚起回憶的問題，只要永恆的東西和歷史的東西依然相互分離，歷史的東西就只是一個機緣。再則，假如那位熱情的門徒，他無論如何還不足以成爲一個信徒，卻喋喋不休地張揚自己多麼地受惠於那個教師，他沒完沒了地讚頌，其誇張簡直無以復加——要是我們試圖去向他解釋，教師僅僅只是機緣，他因而就對我們大發脾氣的話——那麼，不論是他的讚頌，還是他的發怒都無助於我們的思考，因爲他的讚頌或發怒都有同一個基礎，那就是不想讓自己少一點輕率，對此他甚至沒有勇氣去直接領悟。當他誇誇其談和大事張揚[18]時，這個人倘使要讓自己和別人相信他眞有自己的思想，那不過只是欺騙自己和別人——因爲他得把這些思想歸於那位教師。儘管禮貌通常一文不值，那個人的禮貌卻付出了不低的代價，因爲熱情的表示感激——這種感激甚

[18] 指蘇格拉底另一個學生阿爾基比亞德，可參考第二章。

至很可能少不了淚水和使別人感動得流淚的能力——是一個誤解，因為這個人的思想並不歸於任何別人，他的那些膚淺的談話也並不歸於任何別人。哎呀！有這麼多人彬彬有禮地頗想對蘇格拉底表示感激，而卻什麼都不歸於他！了解蘇格拉底的人尤其要了解，他一點不受惠於蘇格拉底，蘇格拉底寧願這樣，而能夠這樣做是美好的。自以為眞的非常感激蘇格拉底的人可能深信，蘇格拉底樂意免去他的報答，因為蘇格拉底一旦知道自己給過這人一點周轉資本，以致竟可以用這人報答這樣的方式去剝削他，肯定會驚愕不已的。但要是整個框架不是蘇格拉底的框架——並且這是我們所假定的框架——那麼，信徒就得把一切都歸於那位教師（人們也許不可能把一切都歸於蘇格拉底，因為畢竟像他自己所說的，他是沒有生育能力的），並且這種關係也不可能透過誇誇其談和大事張揚去表示，而只能以我們稱之為信仰的那種快樂的激情去表示，信仰的對象就是悖論——但悖論特別把矛盾的兩個方面，也就是歷史的永恆化和永恆的歷史化——結合在一起。用別的方式去理解悖論的人可能還保有解釋過悖論的榮譽，這個榮譽是因他不甘只滿足於認識悖論才贏得的。

於是（順便說一句，對排除掉認識的推論是否還需要提一下，）不難發現，那信仰不是一種知識，因為，任何知識或者是永恆——它把短暫和歷史的東西都作爲微不足道的東西予以排斥——的知識，或者是純歷史的知識，並且任何知識都不可能像了解其對象那樣了解永恆的東西是歷史的東西這樣荒謬的說法。要是我領會斯賓諾莎的學說，那麼，在我領會這學說的瞬間，我所關注的不是斯賓諾莎，而是他的學說，儘管在其他某個場合，我也會關注歷史上的斯賓諾莎。不管怎樣，信徒跟那位教師的關係也同樣如此，信徒有時也會關注歷史上那位教師的存在，但在他領會教師的瞬間，他所關注的則是作爲永恆的教師。

現在要是我們假設這框架眞如我們所假設的那樣（要是不這樣去假設，我們就要回到蘇格拉底那裡），即假設教師本人爲門徒提供了條件，那麼，信仰的對象就不是教師的學說而是教師本人，至於蘇格拉底的想法，其實質是，正由於門徒本人就是眞理而且具有條件，就可以把教師推開。實際上，蘇格拉底的技藝和英雄主義就在於去幫助人們能夠把教師推開。這樣看來，信仰必定死死糾纏教師不放。但就教師而言，爲了能夠提供條件，他就應當是上帝，而爲了讓門徒得以占有條件，他又應當是人。這個矛盾同樣也是信仰的對象，並且就是悖論、瞬間。上帝一勞永逸地將條件賦予人類，這是蘇格拉底對永恆的預設，這預設並沒有敵意地跟時間相抵觸，而是過於懸殊地跟短暫性範疇相抵觸。不過，那上面所說的矛盾在於，門徒是在瞬間接受了條件，而由於這是一種認識永恆眞理的條件，當然這又是永恆的條件。要是框架並非這樣，那麼我們就得仰仗蘇格拉底的回憶。

於是，（順便說一句，對排除掉認識的後果是否還需要提一下，）不難發現，那信仰不是一種意志行爲，因爲任何人的意願其實總是在條件許可的範疇內才是有效的。譬如，要是我有勇氣決心去了解蘇格拉底的想法，我就將了解蘇格拉底的想法——也就是認識我自己，因爲從蘇格拉底的觀點看來，我具有了條件，於是就能去意願它。但要是我不具有條件（而我們之所以假設這一點，是爲了不退到蘇格拉底的想法），那麼，我的所有決心都是根本無效的，儘管一旦提供了條件，對蘇格拉底想法有效的東西會再次有效。

與主同時的門徒具有一個優勢，哎呀，這個優勢還眞使在他之後的僅僅爲了做點事情的門徒好生羨慕哩。這與主同時的門徒有可能看到那個教師——而那樣的話，他就敢相信他的眼睛嗎？是的，爲什麼不敢呢？不過，他由此就敢去相信自己是一個信徒嗎？根本不敢，因爲要是他相信自己眼睛的話，他其實是受騙了，因爲上帝是不可能直接被認知的。那麼他可以閉上自己的眼睛嗎？完全可以。但要是他閉上眼睛的話，那麼，這與主同時的門徒又有什麼優勢可談呢？而且，要是他眞閉上自己的眼睛，那麼他大概會去想像上帝。但要是他能獨自去想像上帝的話，那麼他實際上就具有了條件。他所想像的上帝將是內在的心靈之眼所顯現的一種形式；假使他注視那種形式，那麼當他張開眼睛時，奴僕的形式實際上就會來打擾他。讓我們繼續說下去。我們知道，那位教師死了。他現在當然也死了——那個跟他同時的人能做點什麼呢？他會爲他速寫一幅肖像畫——他甚或會爲他畫出整整一組圖畫，細微地描摹出由於年齡和心態的變化而引起那教師外貌上的每一變化——要是他注視這些圖畫，並自信這正是那教師的相貌，他因此就敢相信自己的眼睛了嗎？不錯，爲什麼不敢呢？但他因此就是一個信徒了嗎？根本不是。然而，他實際上還可以去想像上帝。可是，上帝是不可能被想像的，而這也正是他要以奴僕的樣子出現的原因所在。而以奴僕的樣子出現根本不是行騙，倘若它是行騙的話，那麼，瞬間就不會是瞬間，而只是一個偶然性，一個僞裝，這跟永恆的東西相比較，就像一個機遇霎時就消失得無影無蹤。而要是門徒能獨自去想像上帝的話，那麼他本人就可能具有條件，而且只需要提醒他去想像上帝，即使他並未覺察到上帝，也同樣能去想像上帝。而倘使正是這樣的話，那麼這提醒就像他靈魂中的一個原子很快消逝在永恆的可能性中，現在這可能性同時又成了現實性，永遠地預設自身爲現實性。

那麼，門徒又是怎樣成爲一個追隨者或信徒的呢？這要在認識被排除而門徒又接受條件的時候。門徒又是在什麼時候接受這條件的呢？在瞬間。門徒要接受的這個條件又是什麼呢？是他對永恆的了解。但像這樣的一個條件無疑應當是一個永恆的條件——因此，他在瞬間接受了永恆的條件，並且，他是從瞬間接受這條件起才知道這永恆的條件，否則的話，就只好去回憶他從冥冥之中獲得到了條件。他在瞬間接受了條件，並且是從那教師本人接受了條件。一切誇誇其談、大吹大擂都是足夠狡猾的，說什麼即使他不從教師那裡接受條件，也會去發覺上帝的眞正身分——說什麼每次當他注視那位教師時，在那教師的說話聲、臉部表情等等方面總會有一些東西使他感到異樣，這樣他就能親自去發覺上帝的眞正身分——這一切其實都是胡說，任何人都不會因此而成爲信徒，充其量只能嘲弄上帝。任何自稱有資格使上帝變得直接可知的說法無疑就像一塊標明里程的路標碑，但這路標所指的是倒退而不是前進，是遠離悖論而行，而不是朝向悖論而行，是背離蘇格拉底和蘇格拉底所稱的一無所知。請特別注意這一點，免得一位旅客碰巧發生的事會在精神世界裡展現：那位旅客問一個英國人，這條路是否通向倫敦，英國人回答說：「是的，這條路通向倫敦」——但那旅客永遠到不了倫敦，因爲這位英國人沒有告訴他，他必須轉過身去，原來他正朝著遠離倫敦的方向走去。

那種樣子絕不是上帝的眞正身分，並且當上帝因他那全能者決意的愛決心要成爲一模一樣的最低卑的人時，就不要讓小旅店老闆或哲學教授去想像自己是這樣的聰明，即使上帝自己不提供條件，他們也能發覺上帝的一點眞相。而且一旦當顯得像奴僕樣子的上帝伸出他那全能的手時，大爲驚異地盯著他看的人是不會去想像，他是一個信徒的；因爲他也能使人驚異，他同樣也能讓別人對他的故事感到驚異而簇擁在他周圍。要是上帝自己不提供條件的話，那麼門徒也會從一開始就知道關於上帝的情況，雖然他大概不知道自己知道上帝的情況，而且可供選擇的不是蘇格拉底的情況，而是地位極低的人的一些情況。

但對信徒來說，上帝的外形而非上帝的詳細情況並不是無關緊要的。這是信徒親眼看得到和親手觸摸得到的，[19]不過，上帝的外形也沒有重要到能使信徒放棄信仰的程度——要是碰巧有天在街上看到這教師而沒有立即認出他的話，甚或

---

19 見《約翰壹書》：論到從起初原有的生命之道，就是我們所聽見、所看見、親眼看過、親手摸過的（1:1）。

走在這教師身邊好長時間也沒有意識到那人正是他的話。[20]但上帝提供條件讓信

---

20 見《路加福音》：正當那日，門徒中有兩個人往一個村子去；這村子名叫以馬忤斯，離耶路撒冷約有二十五哩。他們彼此談論所遇見的這一切事。正談論相問的時候，耶穌親自接近他們，和他們同行；只是他們的眼睛迷糊了，不認識他。耶穌對他們說：「你們走路彼此談論的是什麼事呢？」他們就站住，臉上帶著愁容。二人中有一個名叫革流巴的回答說：「你在耶路撒冷做客，還不知道這幾天在那裡所出的事嗎？」耶穌說：「什麼事呢？」他們說：「就是拿撒勒人耶穌的事。他是個先知，在上帝和眾百姓面前，說話行事都有大能。祭司長和我們的官府竟把他解去，定了死罪，釘在十字架上。但我們素來所盼望，要贖以色列民的就是他！不但如此，而且這事成就，現在已經三天了。再者，我們中間有幾個婦女使我們驚奇；她們清早到了墳墓那裡，不見他的身體，就回來告訴我們，說看見了天使顯現，說他活了。又有我們的幾個人往墳墓那裡去，所遇見的正如婦女們所說的，只是沒有看見他。」耶穌對他們說：「無知的人哪，先知所說的一切話，你們的心信得太遲鈍了。基督這樣受害，又進入他的榮耀，豈不是應當的嗎？」於是從摩西和眾先知起，凡經上所指著自己的話都對他們講解明白了。將近他們所去的村子，耶穌好像還要往前行，他們卻強留他，說：「時候晚了，日頭已經平西了，請你與我們住下吧！」耶穌就進去，

徒看到上帝的外形，並爲信徒開啓信仰之眼。但看到這上帝的外形則是駭人聽聞的事：要去把上帝作爲我們中的一員聯想起來，並且要是沒有信仰的話，那麼時時刻刻看到的就只是奴僕的樣子。要是教師死了，撒手離開了信徒，他的外形大概會留在信徒的記憶中，但信徒並不因爲那上帝的外形而去信仰，而是因爲他接受了教師給予的條件才去信仰的；所以，信徒是在回憶那可信仰的心像中再次看到上帝的。信徒也同樣知道，要是沒有條件，他也許什麼都看不到，因爲他要知道的第一件事，就是他本人是沒有眞理的。

然而信仰就像悖論一樣自相矛盾嗎？不錯，是這樣。要不然信仰怎麼會以悖論作爲自己信仰的對象？又怎麼會在跟悖論相關時才快樂呢？信仰本身是一個奇蹟，並且，凡適用於悖論的一切也都適用於信仰。但在信仰這一奇蹟中，一切又都是按蘇格拉底的框架去構想的，而要是這樣的話，奇蹟是永遠不會消失

要與他們住下。到了坐席的時候，耶穌拿起餅來，祝謝了，剝開，遞給他們。他們的眼睛明亮了，這才認出他來。忽然耶穌不見了。他們彼此說：「在路上，他和我們說話，為我們講解聖經的時候，我們的心豈不是火熱的嗎？」（24:13-32）

的——這是永恆的條件被提供在有限的時間中的奇蹟。一切都按蘇格拉底的框架去構想，因爲在被規定爲信仰者的那些主的同齡人之間的關係，總的說來是蘇格拉底式的關係：一方完全不受惠於另一方，而雙方的一切卻又都受惠於上帝。

有人也許要說：「照你這麼說，主的同齡人就沒有因這種同齡而帶來的任何優勢了，而要是我們假定你曾假定過上帝讓自己露面，那似乎自然得把親眼目睹上帝和親耳聆聽上帝的那一代人看作是有福的。」——「不錯，這確實很自然，我想，這非常自然，以致上帝的同齡人無疑也都把這種同齡本身看作是有福的。[21]讓我們假定這是有福的，要不然它當然就不是有福的，並且我們的稱頌僅僅表明，在同一處境裡的某個人也許是因非同尋常的演技才變得有福的。而要是那樣的話，我們倘使更細心地留意這一點，我們的稱頌可就要作相當的改變；實際上，最終會變得全然是可疑的。讓我們假定，就像我們在古時記載中讀到的那樣，有這麼一個皇帝，他擺了一個連續長達八天的筵席，歡慶他的婚

---

21 見《路加福音》：耶穌正說這話的時候，眾人中間有一個女人大聲說：「懷你胎的和乳養你的有福了！」耶穌說：「是，卻還不如聽上帝之道而遵守的人有福。」（11:27-28）

禮。為了助興，大量豐盛的佳餚不斷端上酒桌，空氣中洋溢著馨香，耳邊時時迴響著歡快的樂曲和歌聲。筵席不分晝夜，火把將黑夜照得像白晝一樣通亮——分不清是日光照亮黑夜還是火把照亮黑夜，皇后因此出脫得比人間任何一個女子更美豔端莊，這一切眞有點不可思議，就像最放縱的願望竟得到更放縱地實現那樣不可思議。讓我們假定這一切眞的都發生過，而且我們的依據不得不以僅有的一點傳說為滿足。站在人的立場上說，為什麼我們就不應當把主的同齡人——也就是那些看到、聽到和觸摸到主的同時代人——看作是幸運的？否則的話，作為主的同齡人究竟又有什麼好處呢？皇帝婚禮的豪華場面和極度歡樂畢竟是能直接看到和觸摸到的——因此，嚴格說來，假使眞有一個跟這婚禮同時代的人，那麼這個人無疑也看到了這豪華場面，並且同樣的開懷歡樂。但現在假設這是另一種豪華場面，是不能直接被看到的場面——那要是作為跟這種場面同時代的人又有什麼好處呢？說到底，這個人因此就不是跟這種場面同時代的人。人們當然不會把這樣一個同時代人稱為快樂的，或者去稱頌這個人的眼睛和耳朵，因為他大概不是跟這場面同時代的，大概根本沒有看到和聽到這種場面的任何東西，這不是因為他完全沒有時間和機會（在直接性的意義上），而大概是缺少點別的什麼東西，因此，即使他親自到場，並有最多的機會去看去聽，即使（在直接性的意義上）他利用了一切可能的機會，他也沒有看到和聽到任何東西。不過，這不光表明，一個不是主的同齡人有可能是跟主同時的人，因此，一個可能是主的同齡人，儘管利用了這種跟主同時的優勢（在直接性的意義上），卻根本不是一個同時代的人，除此以外，這還表明，主的同齡人不能僅僅只憑直接跟教師和那種事件同一時代，因此，眞正主的同齡人不是憑藉直接的同時性，而是憑藉別的什麼東西。這樣，儘管他是跟主同一時代的，這個同時代的人照樣可能不是主的同齡人；眞正主的同齡人是眞正不憑藉直接同時性的同時代人；因此，不跟主同時代的人（在直接性的意義上）應該可以透過別的什麼方法——主的同齡人也要透過這方法成爲眞正跟主同時代的人——而成爲一個主的同齡人。而不跟主同時代的人（在直接性的意義上）當然就是指後來出生的人；因此，後來出生的人是應該可以成爲眞正跟主同時代的。或許這就是成爲主的同齡人的眞正意思，這也是我們所稱頌的主的同齡人，也許有人要說：我在他面前吃過喝過；那教師也在我們的街上教訓過人；[22]我多次看到過他；他是一個出身低微的極平常的人，只有極

22 見《路加福音》：「那時，你們要說：『我們在你面前吃過喝過，你也在我們的街上教訓過

少數幾個人才相信他眞有什麼出眾的地方，我肯定看不出他有什麼出眾，儘管這些非凡出眾的東西是從像我這樣跟他同時的人開始流傳開的。或許這就是成爲主的同齡人的意思，要是主跟這樣的同時代的人有可能曾在另一個世界相遇，要是主會向他的這位同時代的人大聲說：『我不知曉你』，那麼，這可能會是主應當與之說話的同時代的人嗎？主大聲說：『我不知曉你』，[23]主說得完全正確，正像那同時代的人也不知曉這教師一樣，只有信仰者（也就是跟主不直接同時代的人）才可能知道教師，信仰者從教師本人那裡接受了條件，從而知道這教師，就像教師也知道他一樣。」[24]

「請你停一下。倘使你再這樣繼續講下去，我就插不上嘴了。你說起話來簡直就像在爲一篇博士論文作答辯一樣——其實，你說話就像一本書，而且像一本

人。』」（13:26）

23 見《路加福音》：「他要說：『我告訴你們，我不曉得你們是哪裡來的。你們這一切作惡的人，離開我去吧！』」（13:27）

24 見《哥林多前書》：我們如今彷彿對著鏡子觀看，模糊不清，到那時就要面對面了。我如今所知道的有限，到那時就全知道，如同主知道我一樣（13:12）。

非常專業的書，這正是你倒楣的地方。你有意無意地一再使用那些並不屬於你本人的話，而你又沒有以一個說話人的口吻去陳述，這些話——除了你用的是單數（我）而不是複數（我們）外——是人人都熟知的。《聖經》上的一段話（因爲這些話都來自《聖經》）是這樣說的：我們在他面前吃過喝過，他也在我們的街上教訓過人——我告訴你們，我不知曉你們。即使這樣也便罷了。你卻偏要從那教師對這個同時代人的回答——『我不知曉你』——中，得出他不曾跟這教師同一時代，並且不曾知曉教師的結論，你這樣的推論不是太過分了嗎？假使你說到的那位皇帝也用『我不知曉你』去回答自稱是跟他那豪華婚禮同時的人中的某一位時，這位皇帝難道因此就表明其他人都不跟他那豪華婚禮同時了嗎？」

「那位皇帝絕不會表明這一點，他至多表明自己是個傻瓜，他不像米特拉達梯[25]那樣憑名字去認識自己的每一位士兵，[26]而是想憑名字去認識所有跟他同時

---

25 米特拉達梯（Mithridates，？—西元前六三），指希臘化時期本都王國國王米特拉達梯六世，他一度在小亞細亞地區與羅馬的霸權抗衡。

26 可參見古羅馬作家普林尼（Pliny）的《博物志》（*Natural History*）卷七，其中寫道：至於記憶，它是生活中最必需和最有用的，很難說誰在這方面最出色，同樣也很難說到底有

代的人，並在這種認識的基礎上去決定每個人是否是跟他同時代的人。這位皇帝畢竟可以被直接認識，因此那個人很可能曾識得這位皇帝，儘管皇帝並不認識他。而我們所說的那個教師不可能被直接認識，除非他本人能提供條件。接受這條件的人是從教師本人那裡接受了條件，並因此，那教師一定認識每一個認識他的人，而每個人只有在他本人被教師認識時，才可能認識那教師。不是這樣嗎？也許你立刻就注意到，這也是我們要說的意思。要是信仰者眞是信仰者，並且因他從上帝本人那裡接受了條件才認識上帝，那麼，恰恰在同樣的意義上，後來出生的人應當從上帝本人那裡接受條件，而不能從再傳的人那裡接受條件，要是那樣的話，那麼這再傳者大概就只得是上帝自己了，眞是那樣的話，無疑就根本沒有什麼再傳者。而要是後來出生的人眞從上帝自己那裡接受條件的話，那麼他就

多少人因它而獲得聲譽。居魯士王（Cyrus）能說出自己軍隊中每個士兵的名字。西庇阿（Lucius Scipio）知道所有羅馬人的名字，皮洛士王（Pyrrhus）的使者基尼阿斯（Cineas）在他到達羅馬第二天便記牢當地那些元老和騎士的名字。身為二十二個民族之王的米特拉達梯用同樣二十二種語言去批文，並在盟會上輪流用二十二種語言向每個民族的代表講話而不用一個譯員（24, 88）。

是一個主的同齡人，一個眞正跟主同時代的人——事實上，只有信仰者是眞正跟主同時代的人，而每個信仰者都是眞正的主的同齡人。」

「既然你說到每個信仰者都是眞正的主的同齡人，我當然注意到這一點，並且，我已經預見到這樣說的深遠後果，雖然我對自己恰恰未想到這一點感到驚異，我也許更該去發現這一點。」

「也許我對這一點的認識更全面一些，我對這一點要比對由誰提出它更加關心。不過，我依然沒有完全認識它，一旦我給你機會去注意這一點，並信賴你的幫助，你就立刻會認識這一切的。倘使你允許的話，我在這個問題上要提出一種被律師們稱之爲（法庭裁決前）辯論總結的東西，這是對我本人直到現在爲止所提出和認識到的東西的總結。按照放逐和永久沉默的處罰條款（sub poena praeclusi et perpetui silentii），我特此傳喚你，在這辯論總結的草擬過程中，要明白你本人的權利，應該讓大家了解你本人的主張。直接與主的同時代性可能僅僅只是個機緣。（一）這種同時代性可能是主的同齡人學到歷史知識的機緣。在這方面，跟皇室婚禮同時代的人要比跟教師同時代的人更幸運，因爲跟教師同時代的人僅有的一個機會只是看到奴僕的模樣以及充其量有點奇異的事蹟，但這個跟教師同時代的人不可能斷定他該去承認這些奇蹟還是不該去承認這些奇蹟，並爲因此被當作白痴而憤憤不平，因爲他當然不想敦促那位教師再去重複這些奇異的事蹟——彷彿要把教師看成一個變戲法的人——從而提供理解這些事蹟是怎樣被創造出來的機會給觀眾。（二）這種同時代性可能是主的同齡人像蘇格拉底那樣去專注於自身的一個機緣，由於這人專注於自身，這種同時代性跟他在自己內心所發現的永恆相比較，就像虛無一樣地消失。（三）最後（這終究是我們的假設，目的是免得我們回復到蘇格拉底的框架），這種同時代性成了主的同齡人——作爲沒有眞理的人——從主那裡接受條件並且現在又帶著信仰之眼去看待榮耀的機緣！這樣一位主的同齡人實際上有福了。然而，像這樣一位同時代的人（在直接性的意義上）並不是一個上帝的見證人，但作爲一個信仰者，他因信仰之眼的親自察見而是一個主的同齡人。任何一個不跟主同時代的人（在直接性的意義上）只是因爲這種親自察見才同樣可以是主的同齡人。要是後來出生的人，某個因他自己的困惑甚至不知所措的人，想要去成爲主的同齡人（在直接性的意義上），他就會表明自己是一個冒名頂替者，看得出，他就像冒名的斯梅爾狄斯[27]那樣，由於他不長耳朵——也就是說不長信仰的耳朵——雖然他盡可以有長

---

27 冒名的斯梅爾狄斯（Smerdis）是古希臘歷史家希羅多德在《歷史》（*Die Geschichten*）

長的驢耳，帶著這驢耳，他雖然也像一個主的同齡人（在直接性的意義上）那樣在傾聽，但卻並不因此而成爲與主同時代的人。要是後來出生的人滔滔不絕地談論作爲一個主的同齡人（在直接性的意義上）的榮耀，並且還想不斷談論下去，那麼，我們應該聽任他談論下去，但你倘使注意他一下，你將從他的步態和所走的路發現，他不是走在通向使人害怕的悖論的途中，而是像一個舞蹈教師那樣在不斷地奔跳著，爲的是能及時去趕上那皇室的豪華婚禮。因此，即使他爲他的容克（junker）[28]取了一個聖名，即使他走遍鄉村城鎮，到處向別人求道，爲的是讓這些人加入到朝聖的行列中來，他也幾乎不可能發現聖地（在直接性的意義上），因爲這聖地是地圖上和地球上都根本找不到的，他的行徑就像送人送到外婆家的遊戲[29]一樣，只是一場玩笑。因此，即使他晝夜不讓自己休息，奔跑得比一匹快馬還快，或者比一個男子編造謊言的速度還快，他也仍然只是奔跑在一塊

卷三，六十一—六十九提到的人物。

28 容克，原指普魯士的貴族地主，也泛指德國年輕貴族。

29 一種兒童遊戲，類似捉迷藏。

打野鳥的獵區之內，並像捕鳥人那樣，誤以爲要是鳥不飛到他跟前，那麼用塗黏鳥膠的樹枝去捕鳥是沒有用的——只有在這一點上，我才想把主的同齡人（在直接性的意義上）看得比後來出生的人更幸運。如果我們假定，在上帝降到人間的那個事件和後來人所生活的時期中間隔了若干世紀，那麼在這段時間內人們關於上帝降到人世這件事多半會有大量的胡編亂造，後人這麼多信口開河的胡編亂造使主的同齡人（在直接性的意義上）不得不去忍受虛假不實與顛倒黑白的謠言，這些胡編亂造使本來已夠艱難的上帝與人之間的正常關係變得越發不可能成立，更加上數世紀以來人們對這些謠言多半會產生的共鳴，就像我們一些教會的共鳴那樣，不僅使這些胡編亂造困惑了人們的信仰，也使人們的信仰因它們而消失，而這些胡編亂造在最初一代人那裡卻不會發生，在最初一代人那裡，信仰必定以其純然本眞的面目出現，這就不難使它跟任何非信仰的東西區別開來。」

插曲

過去要比將來更必然嗎？或者尚未成爲現實的可能性要比現實更必然嗎？

親愛的讀者，那麼，就讓我們假定這位教師已經露面，假定他死了並被埋葬，而且假定在本書第四章到第五章之間已經隔了一段時間。一部喜劇的兩幕之間也可能會有若干年的間隔。這一時間推移會使人聯想起，有時在劇場中，每次會演奏一首交響曲或諸如此類的曲子，以便填補和縮短這段幕間的間歇。借用這個方法，我也想透過對上面所提問題的仔細思索去填補這段間隔的時間。這段時間該有多長才適合於你，出於亦莊亦諧的考慮，要是你喜歡的話，我們將假定這段時間恰恰推移了一八四三年。[1]那樣你將發現，由於錯覺的緣故，我就會擁有充裕的時間，因爲一八四三年實在是一個難得見到的時間跨度，由此，我的處境立刻就跟那些哲學家和歷史學家所發覺的自身處境正好相反，時間通常只容許給哲學家一點點暗示，而對於歷史學家，正是時間而不是題材，使他們大爲困惑。因此，要是你發覺我相當囉唆，老是重複說「幾乎完全一樣的東西」，[2]那麼請

1 《哲學片段》寫於一八四三年，所以有此說。

2 參見柏拉圖《高爾吉亞篇》中卡利克勒與蘇格拉底的對話（490e-491b）：

注意，你不妨考慮那是出於你錯覺的緣故，這樣，你大概就不會在意我的囉唆，並且會用一種完全不同和更令人滿意的方式去說明它，你會猜測到，我讓自己去思考的這個問題是絕對需要細細考慮的，至於你亦是如此，因爲我懷疑你在這一點上並不完全了解自己，雖然我絲毫也不懷疑你已經完全了解和接受了最新的哲學，這最新的哲學就像這最新的時代一樣，似乎都染上了一種古怪的粗疏浮躁之疾，以致把節目的演出和節目的廣告混淆了起來，因爲在節目廣告中，誰都像最新的哲學和最新的時代那樣，是異乎尋常的，或者異乎尋常地偉大的。

卡利克勒：蘇格拉底，你怎麼老是重複說幾乎完全一樣的東西！

蘇格拉底：卡利克勒，我豈止那樣，我是重複同樣的問題……你看，我好心的卡利克勒，你並沒有挑剔我，就像我也沒有挑剔你一樣。因為你聲稱，我老是重複說同樣的東西，並因此而指責我，而我對你的說法則相反，你對於同一問題的說法從來沒有相同過。

一、趨向實存[3]

得以實存（blive til）[4]是怎樣變化而來的，或者趨向實存（tilblivelse）的變化（κὶνησις）是什麼？所有其他的變化（ἀλλοὶωσις）都預設了變化因而發生的那種東西的實存，雖然變化也因實存（at være til）而不再是變化。而對趨向實存來說則並非如此，因爲要是那得以實存的東西本身不能在趨向實存的變化中保持不變的話，那麼，趨向實存就不是我們所說的這一種趨向實存，而是另一種

3、4 趨向實存和得以實存是齊克果在本書討論變化問題的兩個主要概念。他對「趨向實存」有明確的解說：「趨向實存的變化是從可能性到現實性的轉變。」至於「得以實存」，顧名思義，就是現實得以實現。齊克果的這一區分，頗受亞里斯多德的影響。亞氏對變化的討論，也區分了「實現」（ενεργεια，埃奴季亞）和「完全實現」（εντελεχεια，隱德來希）。前者是過程，後者是現實；前者是達到現實事物的動變，後者是動變的現實效果。「實存」（existence）和「存在」是西方本體論哲學的常見概念，它們既有連繫又有區別。齊克果這裡所用的 existence，大體上指時間空間中的存在，所以為便於理解起見，譯為「實存」。

趨向實存，而這問題會導致由這個種到另一個種的轉變（μετάβασις εἰς ἄλλο γένος），[5]因爲在這樣的情況下，提問者或者著眼於跟趨向實存不同的另一種變化，這樣就把他所提的問題混淆了，或者他誤提了那種得以實存的變化，這樣他根本就是問非所問。要是一項計畫，在趨向實存中就作了實質性的改變，那麼得以實存的就不是這項計畫；但要是這項計畫在得以實存之前，未作過改變，那麼，趨向實存的變化又是什麼呢？顯然，這種變化不是在本質（væsen）方面的變化，而是在存在（væren）方面的變化，並且是由無到有的變化。但這種因得以實存而被否棄的「無」應當也是存在的，否則的話，「那得以實存的東西就不可能在趨向實存中保持不變」，要是「無」根本就不存在，那麼趨向實存的變化又憑藉什麼去變化和由於其他什麼原因才有可能絕對不同於任何別的變化，那樣的話，它就根本不會有什麼變化，因爲任何變化總要預設一點東西。而這樣一種僅僅只是「無」的存在就是可能性，而「有」——它被說成是存在的——其實是

5 見亞里斯多德的《後分析篇》（*Posterior Analytics*）：由此推論，我們不可能在論證中由一個種轉變到另一個種。比如，我們不可能由計算去論證幾何學的真理（75a）。

指現實的存在或現實性，並且，趨向實存的變化就是從可能性到現實性的轉變。

凡必然就可以得以實存嗎？趨向實存是一種變化，但因爲必然總是跟自身相關，並且是以同一方式跟自身相關，所以，它完全不可能被改變。一切趨向實存都是一場災變（liden），而必然不可能遭受災變，不可能遭受現實的災變——也就是說，在可能（不僅包括被排斥的可能，甚至還包括被接受的可能）最終變爲不存在的時刻，可能就成爲現實，因爲可能性被現實性所吞噬。正因爲得以實存所表明的一切東西都要經由趨向實存，所以這一切都並非出於必然，唯一不可能得以實存的東西就是必然，因爲必然只是存在。

那麼，必然性難道不是可能性和現實性的統一嗎——這是什麼意思呢？可能性和現實性不是在本質方面的不同，而是在存在方面的不同。可能性和現實性的這種不等同性怎麼有可能去形成也許是必然性的統一，要知道，必然性並不是存在的先決條件，而是本質的先決條件，因爲必然的本質是「成爲」。倘使這樣的話，可能性和現實性在生成必然性的過程中，會變成爲一種絕對不同的沒有任何變化的本質，並且在生成必然性或必然的過程中，可能性和現實性會變成爲唯一排除趨向實存的東西，那恰恰是自相矛盾的，因此是不可能的。〔亞里斯多德的命題：「這是可能（成爲）的」，「這是可能不（成爲）的」，「這是不可能（成爲）的。」[6]——（伊比鳩魯[7]）眞命題和假命題的學說混淆了這裡的問題，因爲它只考慮本質，而不考慮存在，因而要是按照那個途徑去規定將來的話，結果將一無所獲。」

必然性獨自保持不變。凡得以實存的東西都不作爲必然性，必然性僅僅只是得以實存，或者僅僅只是處在趨向實存的東西才變成爲必然。凡存在的東西（er

---

6 見亞里斯多德的《解釋篇》（*On Interpretation*）：於是，與「這可能不成為」相矛盾的，不是「這不可能成為」，而是「這不可能不成為」，而與「這可能成為」相矛盾的不是「這可能不成為」，而是「這不可能成為」。因此「這可能成為」和「這可能不成為」的命題看來每一個都意指另一個；因為，由於這兩個命題並不是矛盾的，同一東西既可能成為又可能不成為。但「這可能成為」和「這不可能成為」的命題對同一主題絕不可能同時是真的，因為它們是矛盾的。「這可能不成為」和「這不可能不成為」的命題也不可能對同一主題同時是真的（21b-23a）。

7 伊比鳩魯（Epicurus，西元前三四一—西元前二七〇），古希臘哲學家，他的哲學包括物理學（關於存在的學說）、準則說（關於認識及其標準的學說）、倫理學（關於幸福的學說）。

ti）都並非因爲它是必然的，而必然之所以是存在的，皆因爲它是必然的或因爲必然只是存在。「現實」並不比「可能」更必然，因爲「必然」絕對不同於「現實」和「可能」。（亞里斯多德的兩種可能的理論是跟必然有關的。他的誤解是由「一切必然的東西都是可能的」這一論點濫觴的。要避免在有關必然方面的矛盾——其實是自相矛盾的——說法，亞里斯多德不是去發現自己這最初論點的不正確——因爲事實上「可能」不應該被斷言是「必然」的屬性——反而提出兩種「可能」去勉強應付。）

趨向實存的變化是現實性，這轉變是自由發生的。任何趨向實存都不是必然——它也並非在得以實存之前，要是那樣的話就不可能得以實存，而且也並非在得以實存之後，要是那樣的話，就沒有得以實存。

所有趨向實存都自由發生，而不作爲必然性。任何趨向實存的東西都不作爲得以實存的依據，而是一切都被作爲原因。任何原因最終歸結於一個自由起作用的原因。介入變化之中的原因由於趨向實存顯得像是必然的而使人誤解；這些原因的實際情況是，當這些原因本身得以實存時，卻反過來明確地表示爲一種自由起作用的原因。趨向實存一旦被明確思考的話，即使是來自自然規律的推論，也不能作爲任何趨向實存的必然性依據。對於自由的表現形式亦是如此，人們一旦不讓自己受自由的表現形式所騙時，就會思考它的趨向實存。

二、歷史的

任何已經得以實存的東西當然就是歷史的，即使沒有任何進一步的歷史屬性可以用來表述這種東西，仍然能斷言這是歷史的決定屬性——那就是，它已經得以實存。有的東西，其趨向實存是共時性發生的趨向實存（Nebeneinander（並列一起），空間），除了這種趨向實存外，沒有任何別的歷史，但就自然界而言，即使大體上（en masse）去理解的話，也確實有一種歷史，姑且不論在特殊意義上被稱之爲自然史的一個更精緻的觀點。[8]

但歷史又是過去的（因爲跟將來銜接的現在還沒有成爲歷史）；這樣，要是姑且不考慮那所謂自然史的更精緻觀點的話，我們又怎麼能把直接現存的自然界

8 大概指德國浪漫派的自然哲學，比如斯特芬斯（Henrich Steffens，一七七三—一八四五，挪威哲學家）和謝林的自然哲學，他們都把自然看作一種連續等級的體系。

說成是歷史的呢？這個疑難之所以會產生，皆因爲就時間而論，要辯證地——在該詞的更嚴格意義上——理解自然界的話，是過於抽象的。自然界的欠缺在於它並不具有另一種意義的歷史，而自然界的完善在於它對另一種意義的歷史終究有一種暗示（也就是說，暗示它過去已經得以實存，暗示它現在是存在的）。不過，只有至善的永恆才沒有任何歷史，並且在所有完善的東西中，只有永恆才絕對沒有任何歷史。

趨向實存本身還可能有一種重疊，說得更具體點，就是在趨向實存之中還包含有一種趨向實存的可能性。在更嚴格的意義上，這就是歷史的，就時間而論，這又是辯證的。這裡，與自然分有趨向實存的那種趨向實存是一種可能性，對自然界來說，這種可能性又是它的全部現實性。但歷史所特有的這種趨向實存依然是在趨向實存的範圍之內——這種趨向實存不論什麼時候都必定能被可靠地把握。歷史所更特有的趨向實存被作爲一種更自由地起作用的原因而得以實存，這一更自由地起作用的原因同樣也明確表示爲一種絕對自由地起作用的原因。

三、過去的

凡發生過的事情發生了，並且不可能再恢復到原樣；因此也不可能再被改變（斯多噶派的克律西波——麥加拉派的狄奧多羅[9]）。[10]這種不可改變性是必然性的不可改變性嗎？過去的不可改變性是由一種變化——趨向實存的變化——引起的，而這樣一種不可改變性並不完全排斥變化，因爲它並不排斥這一趨向實存的變化，因爲一切變化（就時間而論是辯證的）只有當它每時每刻都受到排斥時，才稱得上被排斥。只有當人們忘記了過去已得以實存時，才可能把過去看作

9 狄奧多羅（Diodorus，？—約西元前三〇七），古希臘哲學家和邏輯學家，深入討論了模態概念，認為「可能的」就是現在真實的或將來是真實的；「不可能的」就是現在假的且將來永不真實的；「必然的」就是現在真實的且將來也不會是虛假的；「非必然的」或是虛假的或將來是虛假的。

10 克律西波跟狄奧多羅關於將來的可能性與過去的必然性的問題有一場爭論。克律西波斷然反對狄奧多羅的主張，即一切過去的東西，由於不可能再被改變，因而是必然的。

必然，但那樣一種健忘性也應當被看作是必然的嗎？

凡發生過的事情都按其發生的方式去發生，因此它是不可改變的。但這種不可改變是必然性的不可改變性嗎？過去的不可改變性在於，它的「如此這般」的既成事實是不可能變成另一種樣子的，但因此就可以說，過去所可能有的「狀況」也不可能是另一種樣子的嗎？而必然的不可改變性——即必然始終跟自身相關，並始終以同樣的方式跟自身相關並排斥所有變化——跟過去的不可改變性是不相合的，我們知道，過去的不可改變性，不僅對於產生這一過去的早先變化來說是辯證的，甚而對於取消這一過去的更高層次的變化（比如，想要取消某一現實的發生懊悔的變化）來說也應該是辯證的。

到目前爲止，將來還沒有出現，但它並不因此而比過去更少一點必然，因爲過去雖然曾出現過，但它並不因此就成爲必然，相反，正因爲過去曾出現過，所以，它才表明自己不是必然。要是過去已經成爲必然，那麼，對於將來來說也不能得出相反的結論，而只能說，將來也有可能成爲必然。要是必然性單單只發生在將來或過去的任何一個方面，那麼，我們就不能再談論什麼過去和將來。要想預言將來（預示）和要想了解過去的必然性是完全一樣的，並且對每一代人來說，只有流行款式才會使其中的一方顯得比另一方似乎更有道理。過去實際上已經得以實存；趨向實存在自由中才是生成現實的變化。要是過去已經成爲必然，那麼，它就不再屬於自由——換句話說，它就不再屬於它由此而得以實存的東西。那樣的話，自由的處境就會變得很糟糕，就會是既可笑又可悲的，它就會負起不應該由它來負的責任，就會提出必然性多半已呑噬了的東西，並且，自由本身可能成爲一種假象，而趨向實存同樣也是一種假象；自由會變成巫術，而趨向實存則會變成一種假警報。預示將來的一代人蔑視過去，拒絕傾聽來自書面記載的證據；忙於認識過去必然性的一代人則不想去探知將來。這兩種做法是不謀而合的，因爲每一方都有機會透過對方領悟到自己的做法是多麼的愚蠢。黑格爾所發明的絕對方法，在邏輯上就很有問題——它實際上是用眾多符號和怪異的舉動去爲科學迷信服務的一種有才氣的恆眞句。在歷史學中，這是一種不變的概念，由於在歷史學中，這一絕對方法開始變成具體的——因爲歷史畢竟是理念的具體化——所以，黑格爾在那裡肯定有機會去炫耀一種罕見的學問和一種使素材成形的才能，在這方面，他所經手的素材是足夠混亂的。但這種絕對方法也把學生的頭腦弄得幾乎發狂，因此學生——也許恰恰因爲學生對中國和波斯（Persia）、中世紀思想家、古希臘哲學家、世界史上四種君主政體（就像總是少不了威斯特伐勒[11]一樣，這一發現也煽起了許多後起的黑格爾派的威斯特伐勒們的如簧之舌）的仰慕和讚美——忘了去審察在一開始就不斷期待的東西現在是否已在結論之中出現，即在迷茫痴醉的行程結束時出現，那東西說到底就是原本就有的問題，天大的讚美也代替不了方法的正確性，這也是有可能對我們白白期待一陣的唯一補償。爲什麼絕對方法立刻就變成具體的？爲什麼一開始富有想像力的構想就體現在具體事物之中？或者，這問題爲什麼不能在冷靜簡單——而完全沒有巫術和發狂——的抽象過程中去回答？觀念變爲具體是什麼意思？這中間的趨向實存是什麼？這趨向實存又怎麼跟那已經得以實存的東西相關聯？以及其他種種問題。同樣，在著手寫三卷本書去論證決定性範疇的演變這一令人吃驚的迷信做法之前，在邏輯學那裡已經闡明了這種演變所表示的意思，這使人們舉棋不定，他們也許更樂意歸功於那了不起的智慧，並爲此而感謝黑格爾，但卻又依然忘不了黑格爾本人諒必也會看作原本就是問題的東西。

11 威斯特伐勒（Gert Westphales）是霍爾堡筆下的人物。後起的黑格爾派的格爾特．威斯特伐勒們可能指丹麥作家和文藝批評家海堡和法官韋斯（Carlmettus Weiss）。

四、對過去的理解

由空間所確定的自然界只是一種直接的存在。就時間而論是辯證的東西具有一種內在的兩重性（Dobbelthed），所以一經「現在」之後，就得屈尊爲「過去」。歷史的特色就是生生無窮的過去（過去總是消逝了的；至於它是幾年前消逝的還是幾天前消逝的則沒有什麼區別），而作爲消逝了的東西，它又具有現實性，因爲它確實無疑是出現過的。但它出現過本身同樣又是它的確定性，那種不確定性老是妨礙對過去的理解，彷彿過去似乎就來自永恆。過去只有以這種確定和不確定的矛盾去認識，這種矛盾是已經得以實存從而成爲過去的東西的特有標誌（discrimen）。倘以任何別的方式去認識的話，就歪曲了理解本身（即它是一種理解）及其對象（即能成爲理解對象的「那種東西」），以爲構想[12]過去就是澈底認識過去，這種對過去的理解只會澈底地歪曲過去。（乍看起來，顯現理

12「構想」（to construct，來自拉丁文Construere）指在想像中對某一思想或某一理論提出一種表象。

論[13]而不是構想理論的吸引力是不可靠的，但緊接著就重新有第二次構想和必然的顯現。）過去不是必然的，因爲它曾得以實存；過去並不因趨向實存而成爲必然（這是一個矛盾），並且透過對過去的理解，過去反而變得更不是必然的（時間的間隔會引起一種心理的錯覺，就像空間的間隔會引起一種感官的錯覺一樣。同一時代的人看不到那得以實存的東西的必然性，但要是在趨向實存和觀察者之間隔開了若干世紀，那麼他就看到了必然性，就像人在遠處會把方的看成圓的一樣）。要是透過理解，過去有可能成爲必然的，那麼，過去所得到的，其實是理解失誤的東西，理解會把過去領悟成別的什麼東西，那樣的話，它就成了一種拙劣的理解。要是在理解中所領悟的東西變了樣，那麼，這種理解就成了一種曲解。屬於現在的知識並不給予現在以必然性；對於將來的預知也不給予將來以必然性（波伊提烏，Boethius）同樣，屬於過去的知識也不給予過去以必然性——因爲像所有的認識一樣，所有的理解也是沒有什麼東西可以去給予的。

一個歷史哲學家，作爲要去領悟過去的人，他因此是一個倒過來（Doub）

---

13 「顯現」（manifestations）理論把世界稱為上帝的一種表現形式。

預卜過去的先知。說他是一個先知，只是要表明，確定了的過去，其基礎是不確定的，這個意思就跟將來是確定的一樣，可能性（萊布尼茲所謂的可能世界）是不可能從必然中湧現出來的，因爲必然性的先存是必然的（**Nam necessarium se ipso prius sit, necesse est**）。歷史學家重新又置身於過去之外，被熱情所激發的是對趨向實存的熱烈情感，換句話說，就是驚異。[14] 要是哲學家對凡不存在的東西才表示驚異（並且，除非是出於一種新的矛盾，一個哲學家怎麼會想到要對一種必然的構想表示驚異呢），那麼，他的驚異就跟歷史的東西毫不相干，因爲凡是涉及趨向實存的（其實就是涉及過去的），其中只有最確定的趨向實存的不確定性（這是趨向實存的不確定性）才會顯示在值得哲學家（柏拉圖—亞里斯多德）驚異並且必然會驚異的這一熱情之中。即使已經得以實存的東西是最確定的，即使驚異聲稱，要是這一切沒有發生，也必須去杜撰它（巴德爾[15]），以便

---

14 丹麥文 **Beundring** 字面意思是「讚嘆」，不過在這裡，由於跟柏拉圖與亞里斯多德相關，應譯成「驚異」，如柏拉圖在《泰阿泰德篇》中所說：「驚異之感原是哲學家的標誌，此外，哲學別無開端。」（155d）

15 巴德爾（一七六五—一八四一），慕尼黑天主教徒，神祕主義神學家。他往往用隱晦的格

事先就去認可它，即使那樣的話，驚異的熱情愚弄自己並錯誤地把必然性歸之於已經得以實存的東西，那麼，這種驚異的熱情也是自相矛盾的——正是「方法」這個詞，[16]同樣還有「方法」這概念，足以表明，進步在這裡所包含的是目的論的意思，但在任何這一類進步中，每一瞬間都有一個停頓（驚異在這裡處於停頓中並等候趨向實存），那是趨向實存的停頓，而可能性的停頓恰恰因爲目的是外在的。如果只有一種方式是可能的，那麼目的不是外在的，它就是在進步本身之中——其實是在進步的背後，就像進步所固有的那樣。

對過去的理解已如上述。不過，它假定有屬於過去的知識——這種知識是怎樣獲得的呢？因爲歷史的東西內在地具有趨向實存的幻象（svigagighed），它不可能一下子被直接感覺到。對歷史的印象並不是對一種自然現象或者對一個事件的直接印象，因爲趨向實存（the coming into existence）不可能被直接感覺到——只有眼前的東西才可能被直接感覺到。但歷史的存在本身就具有趨向實

言和符號闡述神祕主義哲學。

16 「方法」一詞源於希臘文 μέθοδος，有「追尋」、「模仿」的意思。

存——否則的話，它就不是歷史的存在。

直接的感知和直接的認識是不可能騙人的，[17]這僅僅表明，歷史的東西不可能成爲感知或直接認識的對象，因爲歷史的東西本身具有那種幻象，那是趨向實存的幻象。跟這種直接性有關，趨向實存是一種幻象，由此，最確鑿的東西也會變得模糊不清。譬如，當觀察者看到一顆星時，在他力求意識到這顆星已得以實存的瞬間，這顆星對他來說就變得模糊不清了。這就像反思把這顆星從他的感官中取消一樣。所以，作爲歷史感官的形成顯然也應當與此相類似，在它自身之中也應當有對應的它所確信的東西，它必然不斷用這種確信的東西去取消跟趨向實存的不確定性相對應的不確信的東西——這是一種雙重的不確定性：非存在的虛無和被取消的可能性，被取消的可能性也就是取消任何別的可能性。這恰恰是信仰（Tro）的本質，因此，信仰所相信的是它所未見到的東西；[18]它不相信這顆星存在，因爲這顆星是它所看到的，但它相信這顆星已得以實存。這也同樣適用

17 經驗以其直接性而先於是什麼和真假的判斷。

18 見《希伯來書》：信就是所望之事的實底，是未見之事的確據（11:1）。

於事件。事件的發生能被直接認識，這並非指曾經發生過的事件，甚至也不是指處在發生過程中的事件，因爲即使是正在發生的事件，也要像人們所說的，須是恰好發生在眼面前的事件。事件的發生所具有的幻象在於它已經發生過，而其中有出自虛無的、出自非存在的和出自多種可能「方式」的轉變。直接的感知和認識沒有一點信仰看待其對象所帶有的無把握的暗示，但它們都沒有那種擺脫了不確信的確信。

直接的感知和認識不可能騙人。了解這一點對於了解懷疑並由此去確定信仰的地位都是重要的。儘管看來是多麼的不可思議，這種思想還是構成了古代希臘懷疑論的基礎。要了解這種懷疑論或者了解這種懷疑論是怎樣看待信仰的，雖然並不那麼困難，但絕對不要讓這種懷疑論被黑格爾主義的懷疑一切所混淆，[19]對於黑格爾主義的懷疑一切實在沒有必要予以駁斥，因爲黑格爾主義者本身對

19 比如，黑格爾在《哲學史講演錄》中說：「一般地說，哲學應當以一個謎開始，為的是去帶來反思；一切都應被懷疑，所有的預先假定都要放棄，去達到透過概念創造的真理。」（卷二，第六十九頁）

於是否眞有他們所曾懷疑的東西似乎也持一種相當謹愼的懷疑。古希臘懷疑論是一種恬靜無爲的懷疑論〔ἐποχὴ（判斷的懸置）〕；他們不是靠知識的力量去懷疑，而是靠意志的力量去懷疑〔拒不表示贊同——μετριοποσθεὶν（有節制的情感）〕。[20]這指的是，懷疑的終止，只可能透過一種意志行爲，使自己處於自由的狀態去達到，這是任何一位古希臘懷疑論者都了解的，由於他了解自己，所以他之所以不去終止他的懷疑論，恰恰因爲他決意要去懷疑。我們應當聽任他去懷疑，但不要把「爲了必然才去懷疑」這種愚蠢的看法以及「追求到必然，懷疑就可終止」這種甚至更愚蠢的看法都強加在他身上。古希臘懷疑論者並不否認感覺和直接認識的正確性，但他們又聲稱，錯誤有一個全然不同的基礎——它出自我所下的結論。只要我避免去下結論，我就將永遠不會受騙。舉例來說，我在遠處看一個物體，感覺告訴我這是圓的，而拿到手裡一看卻是方的；或者，我看到的

---

20 恩披里柯在《皮浪學說綱要》中寫道：因此我們說，儘管關於意見的問題，懷疑論者的目的（End）是寧靜，對於不可避免的東西，他們持「有節制的情感」（μετριοπαθεια）。但一些著名的懷疑論者還加上進一步的定義：「在研究中的判斷的懸置（ἐποχη）。」（卷一，第三十節）

一根棍子是筆直的，而放到水裡去看卻是彎曲的。其實，在以上兩個例子中，感覺並沒有欺騙我，只是當我要對有關那物體和棍子的感覺下結論時，我才會受騙。這就是懷疑論者不斷要去懸置判斷（in suspenso）的原因，這是他決意要去懸置的。至於把古希臘懷疑論稱作探索性的哲學、猶疑不決的哲學、懷疑的哲學（filosofia ehthtich, aporhqikh, skekptikh），這些稱法其實都沒有點明古希臘懷疑論的特色，實際上，古希臘懷疑論所主要考慮的，是不斷把認識只用來護養氣質，所以，它甚至不會明確地做出否定認識的斷言，免得落進下一個結論的陷阱。對於懷疑論者來說，氣質是頭等重要的問題。懷疑論者聲稱，他們的最終目的是要懸置心思，懸置心思會帶來恬靜，它們就像形影一般不可分離〔（τὲλος δὲ οἱ σκεπτικοὶ φασι τήυ ἐποχὴυ，ᾗσκιὰς τρόπου ἐπακολουθεὶ ἡ ἀταραξὶα）第歐根尼．拉爾修，卷九，第一〇七節〕。柏拉圖和亞里斯多德都強調，直接的感知和認識不可能騙人，後來的笛卡兒就像古希臘懷疑論者那樣主張，錯誤來自意志，來自意志過於倉促地去下結論。這也是對於信仰的看法，當信仰決意去信仰時，它就顧不得冒信仰錯的風險，依然決意去信仰。人們永遠不會以任何其他方式去信仰；要是他不想冒風險的話，那麼他肯定還需要去知道，一個人在進入水中之前，是否就可能學會游泳。

透過對比，我們不難看出，信仰不是一種知識而是一種自由行爲，一種意志的表達。信仰相信趨向實存，並且實質上取消了跟那並非不存在的「無」相對應的不確信的東西。信仰相信那種「如此這般」的東西已經得以實存，並且實質上取消了那得以實存的東西所可能的「發生方式」，而且也不否認另一種「如此這般」的可能性，對於信仰來說，那種已經得以實存的「如此這般」的東西同樣也是最確定的東西。

由於那種「如此這般」的東西因信仰而成爲歷史的東西，並且就像歷史的東西成爲信仰的對象一樣（一一對應的），是直接存在和直接被理解的，因此並不騙人。於是，主的同齡人用得著他的眼睛等感官，但他必須注意結論。他不可能一下子立即知道這已經得以實存，而且也不可能必然知道它已經得以實存，因爲趨向實存的最初標誌顯然是連續的中斷。在那中斷的瞬間，信仰相信它已經得以實存，相信它已經發生，它使已經發生的東西和已經在趨向實存中得以實存及其在趨向實存所可能會有的「如此這般」的東西變得模糊不清。信仰的結論是根本沒有什麼結論（slutning），只有一個決心（beslutning），並因此而排除了懷疑。當信仰得出結論：這東西存在，所以，它得以實存，這看來也許是由果到因的一種推論。但這樣說並不完全正確，而且，即使它正確的話，也務必不要忘記，認識的推論是從因到果或更確切地說，是從理由到推斷（雅可比[21]）。這種說法不完全正確，因爲我們不可能直接感覺或認識到，我們直接感覺或認識的東西是一個結果，所能直接感知的僅僅只是這東西存在。說它是一種結果，那只是我相信這樣，因爲要斷言它是一種結果，我一定已在趨向實存的不確定性中使它變得模糊不清。但要是信仰決意這樣做，那麼，懷疑就被終止；在那懷疑被終止這一淨心息慮的時刻——靠的不是知識，而是意志。因此，在進行一項探索時，信仰是最有爭議的〔因爲懷疑的猶疑不定，在作正反兩方面考慮（duplicitous—disputare）中的堅強和韌勁——都在信仰中擱了淺〕，並且要靠它新的特質才會是最少爭議的。信仰是懷疑的對立面。信仰和懷疑並不是兩種可以被規定爲相互連續的知識，因爲它們都不是一種認識行爲，而是對立的激情。信仰是對趨向實存的一種感受，而懷疑是對想超出直接感知和認識的任何結論的一種抗議。比如，懷疑者並不否認他本人的實存，但他不下任何結論，因爲他不想受騙。由於他運用辯證法不斷使對立物變得同樣的可能，他就不用把他的懷疑論建立在辯證

21 雅可比（Jacobi，一七四三—一八一九），德國哲學家、神學家，主張信仰先於認識。

法的論證之上，辯證法的論證無非只是外在性的強化，人的自圓其說；因此，他根本不去作任何推斷，甚至也不去作否定的推斷（因爲這可能意味著對知識的承認），他只是靠意志的力量去約束自己，（像懸置判斷的懷疑論哲學那樣）不讓自己去下任何結論。

不跟這歷史同時代的人有的只是跟這歷史同時代的人所留下的傳說，而不具有感知和認識的直接性（不過，這種直接性是不能理解歷史的），那些傳說對於他來說，就像直接性對於跟歷史同時的人一樣。除非他把歷史的東西親自轉化成非歷史的東西，否則，他不可能既要將它變成歷史的東西，而本人又不去同意它。傳說的直接性，或說得更精確些，跟歷史同時的人所留下的傳統的直接性，是直接的現在，這種現在的歷史特性在於它已經得以實存，而過去的歷史特性在於它是一種曾經得以實存的現在。後來出生的人一旦確信過去（不是確信過去的眞實性，因爲那是一個涉及本質而不是涉及存在的認識問題，是確信過去是某個曾經得以實存的現在），那麼，就會出現有趨向實存的不確定性，並且，這種趨向實存的不確定性（那是並非不存在的無——成爲現實的如此這般的可能「方式」）對於他來說和對跟這歷史同時的人來說應當都是一樣的。他的心思應該被懸置起來，就像跟這歷史同時的人的心思應該被懸置起來一樣。那樣的話，他就不再去面向直接性，或面向任何趨向實存的必然性，而只去面向趨向實存的「如此這般」。後來出生的人的確信，其實依據的是跟這歷史同時的人的陳述，那是跟這歷史同時的人依據直接的感知和認識去確信同一意義的，但跟這歷史同時的人不可能靠直接的感知和認識去確信，因此後來出生的人也不可能靠傳說去確信。

因此，過去的每時每刻並未變成必然，只有過去得以實存才是必然的，或者，在確信這一點——也就是確信過去已經得以實存——的跟這歷史同時的人看來才是必然的。信仰和趨向實存是互相對應的，並且涉及過去和將來被取消的存在資格，而現在只有就它被取消了存在資格而言才被看作那種已經得以實存的東西。不過，必然性屬於本質，因此，它以本質的資格明確排斥趨向實存。由可能性而來的變成現實的可能總是件有那種得以實存的東西，並且歸屬於過去，即使這中間隔開有若干個世紀。後來出生的人一旦再三去說這已經得以實存（他是因為確信這一點才一再這樣說的），他再三所說的其實是它的可能性，不論他對這種可能性是否會有更明確的概念。

附錄：應用

這裡要把上面所說的應用於直接就是歷史的東西，其矛盾僅在於，這種歷史的東西已經得以實存，而得以實存的矛盾——這裡的「矛盾」一詞不應當廣義地被理解成黑格爾把自己和別人都誤導了的那種錯了位的矛盾——也就是把矛盾理解成具有產生某種東西的能力。要是沒有什麼東西得以實存，矛盾就僅僅只是觸發驚異的衝動，是對驚異的激發（nisus），而不是對趨向實存的激發，一旦某種東西已經得以實存，矛盾又再作爲對驚異的激發出現在再現趨向實存的熱情中。僅只是趨向實存的矛盾，因爲在這一點上，人們不應再度受這種想法的欺騙，以爲已經得以實存的東西在它得以實存之後要比得以實存之前更容易理解。任何這樣想的人依然不了解它已經得以實存；他只了解感知和認識現在——它不會趨向實存——的直接性。

現在言歸正傳，再回到我們的詩篇和我們對上帝曾存在所作的假定上來。就直接是歷史的東西而言，它不可能因直接的感知或認識而成爲歷史的東西，這對跟這歷史同時的人和後來出生的人來說都是一樣適用的。但那個歷史事實（它也是我們詩篇的內容）因爲不是一個直接的歷史事實而是一個建立在自相矛盾的基礎之上的事實，所以具有獨一無二的特色（那足以表明，在一個直接的跟這歷史同時的人和後來出生的人之間是無所區別的，因爲帶著一種自相矛盾的照面和因同意它而承擔風險是無所區別的，直接的同時代性根本沒有任何優勢可言）。這樣一個事實，只是在信仰看來才是一個歷史的事實。這裡，信仰首先在其通常的直接意義上（也就是信念）被看作是跟歷史的關係；而其次，信仰應當在完全獨特的意義上去理解，以致信仰這個詞只可能出現一次，換句話說，儘管信仰出現多次，但只出現在僅有的一種關係裡。一個人沒有上帝存在的信仰，他仍然可以從永恆方面去理解上帝存在，儘管他要假設上帝存在。那是對語言的誤用。蘇格拉底沒有上帝存在過的信仰。他有關上帝的知識都是透過回憶獲得的，在他看來，上帝的實存根本不是什麼歷史的東西。不管他對上帝的知識跟他對這裡與我們無關的被假定爲親自從上帝那裡接受了條件的人的知識相比起來是多麼的欠缺，因爲信仰是相關於存在的而不相關於本質的，並且，上帝存在的假設是從永恆方面而不是從歷史方面去界說的。從歷史方面去界說，上帝已經得以實存（在主的同齡人看來），上帝曾經得以實存，所以有一個現在（在後來出生的人看來）。但恰正在這一點上就是矛盾。在直接的意義上，根本就沒有人能成爲跟這歷史事實同時的人（見上面所說），但因爲這個歷史事實包含趨向實存，所以它是信仰的對象。這裡的問題，不是這個歷史事實的眞實性問題，而是同意上帝曾經得以實存的問題，由此，上帝的永恆本質才被扭曲爲對趨向實存的辯證認定。

這樣，歷史的事實就依然存在。根本就沒有直接的主的同齡人，因爲這是屬於第一種聖靈的歷史（在通常意義上的信仰（信念））；根本就沒有跟第二種聖靈同時的人，因爲這種歷史是建立在矛盾的基礎之上的（在獨特意義上的信仰）。但對於時間上完全不同的人來說，後一種同等性同化了在第一種意義上不同時間的人們之間的差異。任何時代的信仰者都把這個事實作爲信仰的對象，使之成爲對他本人而言是歷史的東西，他重複了對趨向實存的辯證論定。不管已過去多少千年，不管那個事實在其後果中會引出多少推斷，它都不會因此變得更加必然（而且，這些推斷本身顯然只是相對必然的，因爲它們所依據的都是隨意起作用的原因），更不必說那樣一種看法，以爲由於推斷的必然，那個事實就應當成爲必然，這種看法是最本末倒置的，作爲一種規則的推斷有自身的依據，這純屬另一回事，並不能爲那個事實的必然提供依據。不管那個事實醞釀多久，不管主的同齡人或我們的前輩對那個事實的到來領悟到多少暗示和徵兆，當那個事實得以實存時，它就不是必然的——換句話說，那個事實不是必然的，就像過去不是必然的，將來也不是必然的一樣。

第五章　再傳的信徒

親愛的讀者，按照我們的假設，本次談話與主的同齡人之間相隔有一八四三年，[1]看來我們有充裕的時間去考察關於再傳信徒（follower at second hand）的問題，因為這再傳信徒的種種問題想必還會經常發生。這個問題看來是必不可少的，而且，這問題要求對在規定再傳的信徒和與主同時的信徒之間的相似和不相似的過程中可能會有的困難作一個說明。不過，儘管這樣，我們還是應當首先去考慮，這個問題是否真像近在眼前那樣合適？也就是說，首先要去考慮這問題是否會被證明是不合適的，或者，這問題的困難是否原本就不存在，因為提出這問題的人就像痴人說夢話，所以再聰明的人也不能回答它。

毫無疑問，要是這個問題本身就不能提問，當然也就省去了回答的麻煩，困難也就無從談及了。

你設想困難在於認識到不能以這種方式去提出這個問題。或許你已經認識到這一點；在上次交談（第四章）中，你說已經了解我和我的所有推

[1] 本書第一四七頁注1。

論——儘管我至今還不完全了解我自己——這也許就是你對我的了解嗎？

那根本不是我的看法，我的看法只是，這個問題可以撇開不論，更何況這裡正好提出一個新問題——屬於再傳信徒範疇中的人是否就沒有區別？換句話說，把如此漫長的一個時間跨度分隔成這樣不均等的兩部分——與主同時的時期和在這以後的時期——是否合適。

你以為應當有可能去討論諸如五傳信徒、七傳信徒等等的區別。但即使為了滿足你而去討論所有這些區別，結果也根本提不出他們有任何實質上不一致的東西，難道不應該把他們都歸在再傳信徒這一標題之下而去跟與主同時的信徒相對照嗎？抑或，要是嚴格按照你的要求進行討論的話，它能進行得下去嗎？所以，你處心積慮想要做的也許是愚蠢的，這樣做只會使有關再傳信徒的問題變成一個完全不同的問題，你想由此找到一個機會，拿一個新問題來難倒我，而不是對我所提的問題表示贊成或反對。不過，你也許最不希望這樣的談話再繼續下去，生怕它變質為狡辯和爭吵，所以，我將中止談話。但你從我打算去作的說明中將會注意到，這裡面已經顧及到剛才你我彼此所作的申明。

一、再傳信徒的區別

那麼，我們在這裡將不考慮再傳信徒跟與主同時的信徒之間的關係，這裡所要考慮的，是在再傳信徒本身（與另一組與主同時的信徒相對比而有的）共同點中所存在的區別，因爲這本身是同中之異的區別。因此，在再傳信徒中，無論截選哪一代信徒都算不得武斷，任何詭辯推理都不能期待因這一刀突然切下去而從這裡的相對差別中顯現出特別的性質來，因爲這差別是在再傳信徒的共性危困以內的。在與主同時代這個問題上，一旦用虛假的辯證法去理解它時，就會產生詭辯推理，比如，或則去指出，在某種意義上，根本就沒有人是完全與主同時代的，因爲誰都不可能具備與主同時代的所有因素，或則去提問，這種同時性終止於何時，非同時性又起始於何時，這方面的爭論有沒有一個界域（a confinium），因爲多嘴的認識只會在爭論中說：在某某程度上。這種不近情理的深刻性毫無意義，抑或在當今時代會被看作是眞正思辨的深刻性，因爲被鄙視的詭辯已經成了這眞正思辨的不幸祕密（只有鬼才知道這是怎樣發生的），並且，被看作是古代消極的東西——「在某種程度上」（調侃式的去容忍不作一點區別的混合籠統）——已經成爲積極的，而所謂古代積極的東西，即對於區別的熱望，則已經成爲愚蠢的。

把懸殊的東西放在一起，最能顯出其反差，因此，我們在這裡選取第一代再傳信徒和新近一代再傳信徒（並規定他們相隔的時間爲一八四三年）來談，由於這個談話不是歷史式的，而是數學式的，所以我們將盡可能簡潔，我們也絲毫不想以複雜性的魅力去取悅或吸引任何人。相反，就再傳信徒的區別而言，我們將始終不忘去牢牢把握在他們的這些區別中與主的同齡人相比照（vis-à-vis）的共同點（在下一節前，我們不會更明確看到關於再傳信徒的問題，實質上這是一個並不確切的問題），並且，我們也將牢牢記住，這區別不應當濫用，並混淆一切。

1. 第一代再傳信徒

這第一代再傳信徒（相對地）具有可能更靠近直接確信的有利條件，也具有可能更靠近獲得那些主的同齡人的情況的確切可靠資料的有利條件，這些人的確實性可以由其他種種途徑去證實。我們在第四章已經評價過這種直接確信。要稍微更靠近這種直接確信無疑是靠不住的，因爲並不靠近直接確信的人，他所具有的直接確信總是絕對隔一層的。不過，我們還是要對（這第一代再傳信徒與以後各代信徒相比較而言的）這一相對的區別作一個評價。我們應當給予它多高的評價呢？無論如何，我們只有連繫主的同齡人所具有的有利條件才有可能去評價它。但對於這種有利條件（也就是嚴格意義上的直接確信），我們已經在第四章中指出，它們是可疑的（**anceps**—玄乎的），我們將在下一節說明這一點。

假設在第一代再傳信徒中有過這麼一人，他最靠近主的同齡人，並兼有專制君主的權力與暴戾，他唯一牽腸掛肚的就是想把這個問題的眞相弄個明白——他因此就是一個信徒了嗎？假設這人抓獲了所有當時還活著的與主同時代的證人，以及這些證人的親友，使他們一個個受到嚴酷的審問，把他們像七十位聖經翻譯者[2]那樣禁閉起來，讓他們挨餓，迫使他們講出眞相。假使他還詭計多端挖空心思地使他們相互對質，用盡一切手段爲自己弄到一份可靠的口供，藉助這份口供，他就是一個信徒了嗎？上帝不會反而因爲他在這個問題上想強行索取那既不

---

2 據傳，希伯來聖經最早的希臘文譯本，是由七十二位猶太學者被埃及法老禁閉在亞歷山大城內翻譯的。

能用金錢換來也不能用暴力獲得的東西而恥笑他嗎？即使我們所討論的那個事實只是一個簡單的歷史事實，但倘使這人想要讓其中每個細節都絕對一致，那麼，困難就會接踵而來——這種情況對他來說是至關重要的，因爲信仰的激情，也就是說，像信仰一樣強烈的熱情，已經產生了趨向純歷史方面的錯誤轉向。大家知道，最忠厚誠實的人一旦遇到審訊和審問官的固執念頭時，最有可能語無倫次，矛盾百出，只有無可救藥的罪犯，他們的口供卻是順理成章沒有矛盾的，這種無矛盾的正確性是由一種邪惡內心琢磨出來的。除了這些以外，我們所說的那個事實其實根本不是簡單的歷史事實——所有這些口供對他來說又有什麼用處呢？要是這個人設法弄到了一份連每個細節都完全一致的情節複雜的口供——那麼，他無疑就會受騙。他也許已有了甚至比親眼目睹和親耳聆聽的主的同齡人更大的把握，因爲主的同齡人不難發現，他往往不在看，並且往往看錯，他也往往不在聽，並且往往聽錯，他還得不斷被提醒，他並沒有直接看到或聽到上帝，他所看到的只是一個奴僕模樣的人，這個奴僕模樣的人聲稱自己是上帝——也就是說，他還得不斷被提醒，這個事實是以一個矛盾爲基礎的。那人會因他所得口供的可靠性而受益嗎？從歷史的角度著眼，他確實會因口供的可靠性而受益，但從別的角度著眼就並非如此，因爲關於上帝外表清秀（由於他十足像一個奴僕——像我們一樣的普通老百姓——像受氣的小人物）的所有談論，關於直接看到上帝的神性（由於神性不是一種直接的身分證明，並且教師必定首先存門徒身上形成最深刻的自我反思，必定將罪的意識形成作爲認識的條件）的所有談論，關於直接看到的上帝所行的神蹟（由於神蹟不是直接的，它只是對信仰的人來說才是直接的，因爲不信上帝的人是看不到神蹟的）的所有談論——所有這一切談論在任何地方都毫無意義，是想用喋喋不休的閒聊去阻止獨立思考。

這第一代再傳信徒相對具有更靠近那令人震驚的事實的有利條件。這種震驚及其引起的激動有利於喚醒上帝的意識。這種上帝的意識（它也可能成爲冒犯）的重要性已經在第四章中得到評價。假定它是一種稍爲更靠近主的同齡人的有利條件（跟後來各代再傳信徒相比較而言）——這有利條件只與主的同齡人的不無可疑的有利條件相關。這有利條件是完全辯證的，就像上帝的意識是完全辯證的一樣。不管這上帝的意識是被冒犯的，還是去確信的，這有利條件就是這種意識的覺醒。也就是說，上帝的意識絕不過於偏愛信仰，彷彿信仰只是作爲上帝的意識的一個簡單推斷而成立似的。這種有利條件在於，上帝的意識處於決心越來越清楚地顯現出來的狀態。這確實是一個有利條件，而且是唯一有點意義的有利條件——那意義多半在於，這種有利條件是令人震驚的，而絕不是令人舒心的欣慰。要是那個事實一點不固執無知地墨守人類的慣例，那麼，接續不斷的每一代再傳信徒就會像第一代再傳信徒那樣表明同樣的冒犯關係，因爲後來的人根本不可能更靠近那個事實。不論後來被教育出來[3]的人多麼去迎合那個事實，也無濟於事。相反，尤其當這人親自從事教育而熟知其中門路的話，那只會有助於使他變成一個有教養的喋喋不休的人，在這人的頭腦中，既沒有冒犯的跡象，也沒有留給信仰的地盤。

2. 新近一代再傳信徒

這新近一代再傳信徒離那令人震驚的歷史事實時隔遙遠，而另一方面，這新近一代再傳信徒卻使對這個歷史事實的推斷綿亙不斷地保持著，成爲這歷史事實所可能有的後果的證據，他們直接面對這歷史事實多半可能會蘊涵的一切推斷，然而從這近在眼前的可能性證據中卻根本沒有出現向信仰的轉變，曾經有人指出，信仰絕不會偏愛可能性——這一有關信仰的說法也許是對信仰的詆毀。一

3 丹麥文 Opdrage 指教育和培養。

般說來，眞心想把可能性證據和不可能的東西連繫起來這樣做，或者是爲了論證以下問題：那不可能的東西是可能的？但那樣的話，這可能和不可能的概念就被改變了；或者是爲了論證以下問題：那不可能的東西是不可能的？但用可能性去論證這個問題顯然是一個矛盾的想法（倘使具體地了解這個想法，就會更加明確），是人們多半認爲不可能有的愚蠢想法，但我想在這當口把這個想法當作笑話開個玩笑，也許是妙不可言和非常有趣的——一個高尚的人爲了救助人類，想利用可能性證據幫助人類進到不可能的東西之中。他是非常成功的；他感激不盡地接受了人們對他的祝賀和向他表示的感激，這些人中不僅有地位高的，眞正懂得玩弄證據的，也有普通大眾——天哪！這樣一來，那高尚的人其實弄糟了一切——其中，或許有人相信這不可能的東西，這實質上是不用說明什麼理由的。這個人的信念帶點虛有其表，這也難怪，這種人的信念通常總是這樣。高尚的人會盡可能和藹可親地悄悄引誘他把這信念說出來。這人根本沒有懷疑到會有什麼不妥，所以和盤托出了自己的信念。不料，他剛說完，這高尚的人就攻其一點大做文章，盡可能地挫傷他的自尊心。這人一下子變得惶惶不知所措，自感羞慚——「以爲他也許接受了不合情理的東西」。他不是鎭靜地回答說：「您這位可敬的先生眞是一個傻瓜，那東西就是不合情理的，而且必定是不合情理的；儘管對它有種種非議，我自己對這些非議反覆考慮過，甚至想得比別人可能對我提出的還更可怕，儘管這樣，我還是要選擇去接受這不可能的東西。」——他沒有這樣說，反而想去引證一個可能性證據。現在，高尚的人開始去幫助他，讓他自己去弄明白這樣做的必要，最終使他這樣說：「哦，這下我終於明白了！原來這是最可能的東西！」高尚的人擁抱了他；要是玩笑再開下去的話，高尚的人還吻了他，並爲占有這更富說服力的資料（ob meliorem informationem）而感謝他，在和他告別時，高尚的人一再用熱切的雙眼深情地望著他，並像一個生死與共的朋友和兄弟那樣跟他告別，從此，這高尚的人就永遠理解了一顆同樣高尚的心靈——這樣的玩笑是無可非議的，要是這人對自己的信念不曾虛有其表的話，面對他那信念的坦誠眞切，我大概會變得像傻子那樣——伊比鳩魯對個人與死的關係的說法（儘管他的觀察有點令人掃興）適用於可能性與不可能性的關係：當我活著時，死就不存在，而當死存在時，我就不再活著。[4]要是那個歷史事實已經

---

4 見伊比鳩魯致美諾冠（Menoeccus）的信：你本人要習慣於相信死亡對我們來說是毫不相干的，因為好壞善惡盡由感覺而來，死亡則是所有感覺的消失；因此，正確認識到死亡對

作爲絕對的悖論問世，那麼所有後來問世的都根本沒用，因爲這個歷史事實是作爲一種悖論的推斷永存的，所以它就像悖論那樣顯然是不可能的，除非假定這些推斷（它們最終是被推論出來的）獲得反作用力去轉化這悖論，要是這個假定可以接受的話，那麼同樣也可以假定兒子接受反作用力去轉化他的父親。即使純邏輯地——也就是說，以內在的形式——去考慮這些推斷的話，推斷仍然只可以被規定爲是跟它的理由相同的和同類的，而萬萬不可以被規定爲具有一種轉化的能

我們毫不相干，我們對人生而必死這件事就會變得愉快起來，這並不是給生命加上無盡的壽命，而是去擺脫對不死的渴望。要是人已徹悟到終止生命沒有什麼可怕，對他來說，活著也沒有什麼可怕。因此，要是有人說他之所以怕死，不是因為死的來臨將是痛苦的，而是因為等候死的來臨的痛苦，那他就是可笑的。說死的來臨不會引起煩惱，倒是等候會引起煩惱，那是沒有理由的。因此，死亡這一最可怕的惡事，對我們是無足輕重的，當我們有感覺時，死亡還未來臨，而當死來臨時，我們已經沒有感覺。於是，死不論對生者還是對死者都是不相干的，因為對於生者來說，死尚與己不相干，而死者本身又已經不復存在。但在這個世界上，人們有時把死亡當作最壞的壞事去逃避，有時又把死亡當作擺脫人生罪惡的休憩。聰明人既不厭生，也不害怕死亡。

力。具有這些直接在眼前的推斷，好比具有直接的確信那樣，只是一種可疑的有利條件，並且，直接獲得這些推斷的人就像誤把直接的確信認作信仰的人那樣受到欺騙。

這些推斷的有利條件看來在於，那個歷史事實被看作是一點一點逐漸順應的。倘使眞是那樣的話（倘使這是可以想像的話），那麼，後來的一代人顯然處於比與主同時的一代人更有利的地位（要是有人一面去談論這種意義上的推斷，一面又把跟那歷史事實同時的好運加以浪漫化，那他一定是愚不可及的），並且能泰然自若地盜用那個歷史事實而不必預先聲明對上帝的意識的模稜兩可，因爲從這意識中既可產生信仰也可產生冒犯。不過，那個歷史事實卻根本不拱手聽從，它因事實本身的成功後果而過於狂妄地想要對趨附的信徒提出要求，拒絕在國王或教授的庇護下順應——那個歷史事實並不是因思索的認可才形成的，它依然是悖論。那只是對信仰來說才是事實。

現在，信仰肯定了人的第二天性，但對信仰成了第二天性的人來說，他肯定原本就有第一天性，由此信仰才退居第二位。要是那個歷史事實被順應的話，那麼就個人而言，也許可以這樣說，個人爲信仰所生——或者說，爲他的第二天性所生。要是我們的敘述以此爲前提，那麼各種各樣的胡言亂語就得了生路，因爲這樣一來，蓋子就揭開了，而且這過程不可能停下來。當然，這種胡言亂語是一定要進一步去捏造出來的，因爲它要是不比蘇格拉底的觀點更領先的話，是會深感羞辱的，儘管蘇格拉底的觀點中確實有眞知灼見，但我們爲要揭示在一開始的思考方案中所構想的東西，就必須去拋棄這種觀點。靈魂在輪迴的觀點中也有一點見識，但要是說一個人被他的第二天性所生，而第二天性又涉及特定時間中的歷史事實，那確實是極端（**non plusultra**）愚蠢的。從蘇格拉底的觀點來看，個人在他得以實存之前已經存在，並且已經有所回憶；因此，回憶是先存的（而不是對先存的情況的回憶）。他的天性（指唯一的天性，因爲這裡根本不存在第一天性和第二天性的問題）不斷規定自身。不過，這裡的一切都面向未來，並且是歷史的；這樣，被信仰所生就像被二十四歲的妙齡女人所生那樣合乎情理。要是被信仰所生的人實際上有可能被提醒說，他可能是比霍爾堡一齣喜劇（*Den Studeslfsel*）[5]中的理髮師講述的瑙布登[6]地方所生的那些嬰兒更值得一看的稀

5 在霍爾堡的一齣喜劇中，理髮師講：「瑙布登有一個水手的妻子曾生下三十二個嬰孩到世界上，她看起來卻一點不比普通孕婦更結實。」

6 瑙布登（Nyboder），丹麥某地，那裡從一六三一年起設有水手住宅區。

有物品，儘管在理髮師和愛管閒事的人看來，那信仰所生的人也許是最可愛的小生靈，思考的最大成果——抑或個人是由兩種天性同時所生——請注意，這並非由兩種天性一起形成人的共同天性，而是由人的兩種各自完整的天性同時所生，其中每一天性都以相互之間的某個歷史的東西爲前提。倘若那樣的話，我們在第一章所構想的一切就要亂了套，我們不是站在蘇格拉底一邊，而是處在甚至連蘇格拉底大概也無法收拾的混淆之中。這種混淆成了跟提亞那的阿波羅尼奧[7]所創的前世定位的混淆頗有共同之處的一種後世定位的混淆。也就是說，跟蘇格拉底不同，阿波羅尼奧不滿足於讓自己作爲先於趨向實存的存在去回憶（意識的永恆性和連續性是蘇格拉底思想的深刻含義和想法）而是急於要更進一步——換句話說，他要去回憶在他成爲自己之前他曾是誰。要是順應那個歷史事實，那麼對一個人來說，生就不再只是生而且也是重生，這個從未被生的人——即使他本人的生命已生了下來——才被再生，這意味著，這個人被信仰所生；這同樣適用於人

7　阿波羅尼奧（Apollonius, Tyana，西元前一世紀末生），古希臘新柏拉圖主義哲學家，持畢達哥拉斯—柏拉圖生命先存的觀點，他定位自己在前世中，曾是一艘埃及船隻的船長。

類，所以在那個歷史事實意外發生之後，人類就得到再生，成爲完全不同的人，但這也依然不斷受到前輩人類的限定。那樣的話，得到再生的人類原本是要取一個新名的，但我們已經說過，使人類得到新生的信仰肯定是不會超出人的範圍，就像生不超出生（再生）的範圍一樣，要是信仰眞像我們所假設的反對意見所希望的那樣，它肯定就會變成傳說中的怪異。

　　這些推斷的有利條件之所以是一種可疑的有利條件，還有另外一個原因，因爲這不是對那個歷史事實的簡單推斷。讓我們盡可能地高度評價這些推斷的長處；讓我們假定這個歷史事實完全改變了世界，它甚至無孔不入地滲透到最微不足道的日常瑣事之中，那麼這一切又是怎樣發生的呢？它肯定不是倏忽促成的，而是逐漸發生的——那麼，它是以什麼方式逐漸發生的呢？大概就是透過每一代人各自去跟那個歷史事實相連繫的吧？所以，應當審察這個中間環節，由此，這些有力的推斷才有可能僅僅透過人們一次信仰的改變而惠及於人。但要是曲解那個歷史事實的話，不也可能會有曲解的推斷嗎？謊言不也可能是有力的嗎？而且，這些推斷和謊言不是在每一代人中都曾發生過的嗎？要是每一代人都要把自己的這些才華橫溢的推斷作爲理所當然的東西傳給後續的一代——那麼，這些推斷其實就是一種曲解。威尼斯城不是建在水上的嗎？儘管這座城市是建在水上的，但最年輕的一代人完全不去注意這種建築方式，要是這新的一代人直到根基被水浸爛，整座城市開始下沉時依然執迷不悟的話，那不就成爲一個可悲的曲解了嗎？但從人的角度上說，建立在悖論之上的這些推斷是建在深淵之上的，[8]這些推斷的全部內容——那全部內容只是在其一致依憑悖論的情況下傳到每個人那裡的——並非像眞正的遺產那樣傳遞，因爲這一切都是懸而未決的。

3. 比較

我們不再繼續這裡所展開的討論，而將它留給每一個人，讓他們練習從最多種多樣的方面回到這個想法上，讓他們練習運用自己的想像力從各自相對不同的境遇中發現最不可思議的實例，最終得以澈底領悟這個想法。在這方面，量的東西將被限定在一定的範圍自由變動。量的東西有助於生命的多樣化，並且不斷編織出它那五彩繽紛的氈毯。它就像坐著紡線的命運女神，而且就像另一位負責去

8 丹麥文 Afgrund 意指無底深淵。

割斷生命之線的命運女神，但眞正捏在手裡的是那種思想[9]——每當量要去構成質時，這樣的事就總該發生（這不僅僅是一種比喻）。

第一代再傳信徒的有利條件同時也給他們帶來困難；當這是個人準備去應付的困難時，它就始終是一個有利條件、一種安慰，具有這種有利條件使困難成了這個人的困難。要是新近一代再傳信徒想到這一點，於是就去觀察第一代再傳信徒，發現這一代信徒幾乎都恐懼得透不過氣來，他們就會說：「這眞不可思議，因爲一切不至於艱難到無法爬起來再跑的程度。」——這時，無疑就有人會答應說：「那就請吧，你自己爲什麼不爬起來跑，你以爲自己正在跑，其實只是坐而論道罷了。當然，要順風去跑的話，那其實是最省力不過的。」

新近一代再傳信徒具有隨和的有利條件，但接著就會發現，這種隨和實在是很有問題的，於是就會產生困難，這困難應當是跟畏懼的困難相對應的，這種畏懼是原本就有的，它揪住第一代再傳信徒，同樣也將揪住新近一代再傳信徒。

9 在希臘羅馬神話中，命運三女神，一位專司紡線，一位專司割線，一位專司生命之線的長度。人的壽命盡時，紡線即斷。

二、再傳信徒的問題

在考慮這問題本身之前，我們將做一點定向的觀察。（一）如果那事實被看作是一個簡單的歷史事實，那麼，成爲跟那事實同一時代就頗帶關係，並且，成爲跟那事實同時代的人（對這一點的更詳細了解，在第四章中已作了說明），或者盡可能地靠近那歷史事實，或者盡可能去查明那些同時代人的眞實性等等，這一切就都是一種有利條件。任何歷史事實僅僅只是一個相對的事實，因此，就與主的同時性而言，要去決定人們的相對命運，就得完全適應相對的權力和相對的時代。這一點不過分，只有愚昧無知的過分評價才會使那個歷史事實成爲絕對的事實。（二）如果那事實是一個永恆的事實，那麼，任何一個時代的人都同樣地靠近那個事實——但請注意，不是因信仰而靠近那事實，因爲信仰是和歷史的事實完全相對應的，因此，對我來說，使用從歷史方面去理解的「事實」這個詞只是去遷就對語言的一種不夠正確的用法。（三）如果那歷史事實是一個絕對的事實，或者，更確切地說，如果那歷史事實是我們在上面所說的那個絕對的事實，那麼，它就是一個矛盾，不同時代的人們，他們跟那事實的關係也不同，時間能分攤這種不同的關係——也就是說，時間在分攤這種不同的關係中起有決定性的作用，而凡是實質上能由時間分攤的東西當然就不是絕對的，那可能就暗示，絕對本身完全是一種格（**a casus**）[10]，是它跟其他東西相關的一種位格，儘管絕對在活的所有格中都可以變格，但絕對又總是同一的，並且，它跟其他東西的連續關係總是一種絕對的位格（**status absolutus**）。[11]但絕對的事實其實也是歷史的事實。要是我們根本不去注意這一點，那麼，我們這個有所假設的討論就將全部被推翻，因爲那樣的話，我們所談到的就僅僅只是一個永恆的事實。絕對的事實是一個歷史的事實，並且它本身就是信仰的對象。實際上，歷史的方面是應當強調的，但不應當把它絕對地說成是個人的決定性因素，否則，我們就要回到（一）上去（要是這樣去理解的話，它就是一個矛盾，因爲一個簡單的歷史事實

---

10 在語法中，**casus**（格）表示名詞、代名詞的一種關係，在發生屈折變位的語言中，表示形容詞和句子中其他詞的關係。

11 在希伯來文語法中，生格或所有格由被占有物的名詞直接放在占有主的名詞之前去表示，就像在英語中，**the hand of the Man**（人的手）的那種結構。在這種結構中，後一名詞，即占有主的名詞所處的位格稱為絕對的位格。

並不是一個絕對的事實，它也沒有去做任何絕對決定的能力）。但也不應當取消歷史的方面，否則的話，我們就只有一個永恆的事實。

就像歷史事實成了主的同齡人成爲一個信徒的機緣——請注意，這是透過上帝那裡接受條件的（否則的話，我們就要按蘇格拉底的方式去表達）——同樣，上帝的同齡人的傳說也成了使每個後來的人成爲一個信徒的機緣——請注意，這是透過從上帝那裡接受條件的。

現在，我們就開始討論再傳信徒的問題。透過接受條件而成爲信徒的人是從上帝那裡接受條件的。要是這樣的話（而這就是我們以上所要說的，我們在上面指出，直接與主的同時代性僅僅是機緣，不過請注意，條件作爲一個人的機緣，並非理所當然就是現成的），那麼，這在有關再傳信徒的問題中又具有什麼地位呢？因爲一個人要具有從上帝那裡接受來的東西，顯然才是直接具有的，而不具有從上帝那裡接受的東西，就不是一個信徒。

讓我們提出有點不同的假設。假設與主同時的那一代信徒是從上帝那裡接受條件的，而直到現在爲止的後來各代人又都是從這些主的同齡人那裡接受條件的——這樣的結果會是什麼呢？我們不要因爲顧慮到歷史方面不夠踏實就不敢正視這個問題，由於歷史方面的虛弱，人們最渴望能尋覓那些主的同齡人的傳說，這就使他們又處在一種新的矛盾之中——彷彿一切都取決於此——從而又產生了一種新的混淆（要是一開始就著手這樣做，那麼這種混淆就沒完沒了）。不，不能這樣去假設，要是主的同齡人把條件給予後來人，那麼後來人就會漸漸相信他。後來人從主的同齡人那裡接受了條件，這樣一來，主的同齡人就成了後來人信仰的對象，因爲後來人從他那裡接受條件，他當然（見前文）就是後來人所信仰的對象，並且就是上帝。

上面的假設也許是無意義的，它足以把思想嚇走。但要是後來出生的人也從上帝那裡接受條件的話，那麼就會重新回復到那種蘇格拉底式的關係上去——但請注意，那種關係總在由那歷史事實以及每個人（包括主的同齡人和後來人）與上帝的關係所形成的種種區別的範圍之內。不過，說上面的假設無意義，因此是難以想像的，這跟說那歷史事實以及每個人與上帝的關係是難以想像的，有著不同的意思。我們作爲前提的那個歷史事實以及每個人與上帝的關係不包含任何自相矛盾，所以，人們能潛心去思索這個前提，就像潛心思索天下最怪異的東西一樣。而上面那個假設，其無意義的推斷包含了一種自相矛盾，它對我們作爲前提的那種難以想像的東西，即假定那個歷史事實以及每個人與上帝的關係，還不感滿足，還在這假定的前提內生出一種自相矛盾：上帝是主的同齡人的上帝，而主的同齡人又是協力廠商即後來出生的人的上帝。我們的思考方案只是因其把上帝放在跟每一個人直接相關的關係中才超脫了蘇格拉底，而實際上誰又敢把「一個人在其跟他人的關係中是一個神」這樣的胡言亂語歸之於蘇格拉底呢？這不能歸之於蘇格拉底，蘇格拉底的理解，原本應被看作是一種英勇行爲，他以這種英勇行爲去理解人與人有怎樣的關係。而在我們所假定的思考方案中，著重點也是要取得這同樣的理解——那就是，正由於一個人是位信仰者，所以，他不爲某個什麼事情而蒙別人的恩，只爲所有一切事情而蒙上帝的恩。我們將不難看到，要有這樣的理解是不容易的，而要經年累月地不斷堅持這種理解就更不容易（因爲偶爾有這樣的理解而不考慮實際的反對理由，也就是說，自以爲已經有這樣的理解，是並不困難的）；而任何人，要是一旦去修習這種見解，無疑就會經常不斷地發覺自己處在誤解之中，而要是他想讓別的東西糾纏的話，就更得留神。但倘使他已經明白了這一點，他也會明白，沒有也不可能有任何再傳信徒的問題，因爲信仰者（並且只有信仰者，最終是一個信徒）不斷具有信仰的親見（autopsy）；他不是用別人的眼睛去看待一切，而只是像任何一個信仰者那樣，用信仰的眼睛去看待一切。

那麼，一個主的同齡人又能爲後來出生的人做點什麼呢？（一）他能告訴後來出生的人，自己相信那個歷史事實；這實際上完全不是一種交往（根本不存在直接跟主的同時性，以及這歷史事實是基於一種矛盾之上，這些都表明了這一點）而僅僅只是一個機緣。所以，要是我說這件事和那件事發生過，那我就是從歷史的方面去說；而要是我說：「我相信並且認爲這件事發生過，儘管這樣做，從認識的角度來說是愚蠢的，並且也傷害人的感情。」[12]那麼，在這樣說的同時，我已盡了努力不讓任何人做出直接依從我想法的決定，並拒絕一切我呼你應的關係，因爲任何一個人都恰恰應當以這樣的方式去自己做出決定。（二）主的同齡人更能把那個歷史事實的內容說成是爲信仰而存在的內容，這跟顏色只是爲視覺而存在，聲音只是爲聽覺而存在，多少是同一個意思。他能夠以這種方式去講述那個歷史事實；否則，他就只能胡說八道，也許還會哄騙後來出生的人決意去承續那些無聊的饒舌。

後來人所關心的主的同齡人的可信性指的是什麼意思呢？主的同齡人是否眞

---

12 見《哥林多前書》：我們卻是傳釘十字架的基督，在猶太人為絆腳石，在外邦人為愚拙（1:23）。

相信，他證實了自己跟後來出生的人根本沒有什麼關係；那種可信性對後來的人根本沒有好處，對後來的人變得自信起來也根本沒有關係。個人只能親自從上帝那裡接受條件（那完全符合這個人放棄認識的要求，另一方面，也是符合信仰的唯一依據），只有那樣，個人才會相信上帝。要是他相信（說得更正確些，他自以爲相信）住在小山邊的那些老實人是因爲做了許多好事而曾經相信過[13]（也就是說，曾經聲明他們具有信仰，因爲一個人不可能更進一步去檢驗別人，即使對那人是否出生過、忍耐過以及是否爲信仰而遭受過苦難也無法進一步去檢驗；局外人對他人的了解不可能超出他人自己所聲明的東西，因爲謊言和眞話都恰好在人的目光所及的範圍之內，而不是在上帝的目光所及的範圍之內），那麼，他就是一個傻瓜，至於他是依據自己的看法，還是依據人家對那些因做好事而去信

13 在霍爾堡的喜劇《伊拉思謨斯．孟塔努斯》中，「小山」（**Berg**）是主角名，也是劇中場所地名。在討論伊拉思謨斯（**Erasmus**）的地球是球形的觀點中，劇中人伯．狄格（**Per Degn**）斷言，好市民都相信地球是扁平的，而且「應該更去相信眾人所說的而不是僅僅只有一個人所說的」。

仰的老實人的也許頗爲廣傳的看法，抑或還是他相信了像明希豪森[14]那樣的人，則都是次要的。要是主的同齡人的可信性對他會有某種興趣的話（啊哈，此人就會相信，這是一個將引起巨大轟動的題材，是可以去寫作多卷本著作的機會，因爲這種看來挺認眞的樣子，這種對某某人的可信性所作的思考，而不是對自己是否眞有信仰的思考，都只是爲那種知識分子的懶散和歐洲人的街談巷議所定制的），那麼，他的這種興趣應該是關於某個歷史事件的興趣。這又是什麼歷史事件呢？這歷史事件只可能作爲信仰的一個對象，而不可能由一個人傳達給另一個人——說得更正確些，即使一個人能夠將它傳達給另一個人，但請注意，這種傳達也不是別人所相信的；而要是他以信仰的方式去傳達它，他就將盡最大努力阻止別人直接去採納這事實。要是我們談及的這個歷史事實只是一個簡單的歷史事實，那麼，編史者所講究的史實細節考證也許就顯得十分重要。但這裡的情況並非如此，因爲信仰不可能從哪怕最難察覺的細節中提取出來。問題的實質是上帝曾經顯身人樣來到人世間這個歷史事實，而其他歷史細節甚至並不那麼重要，彷彿這些細節只是有關人的問題而不是上帝的問題那樣。法學家說，死罪歸併了

---

14 明希豪森（Münchhausen），傳說中一位專門講述荒誕不經故事的人。

所有較次要的罪行——信仰也同樣如此。信仰本身的荒謬完全歸併了較次要的問題。通常令人心煩的歷史事實的不一致，在信仰這裡不僅不令人心煩而且還不成問題。不過，要是有人打著算盤，想把信仰提供給標價最高的人，那麼，這種不一致就事關重大，因爲這會使他永遠不去信仰。即使與主同時的那一代人僅僅只留下這樣幾句話：「我們確曾相信過，上帝在某年顯身爲謙卑的奴僕，他生活在我們中間，教導我們，然後死去。」——僅僅這幾句話也就綽綽有餘了。與主同時的那一代人大概已盡了他們應盡的責任，因爲就憑這一點聲明，就憑這一點對世界史的提示（nota bene）就足以爲後來出生的人提供一個機緣，對於後來出生的人，即使最詳盡冗長的傳說也永遠不會超過於此。

要是我們想以盡可能簡潔的方式說明主的同齡人和後來人的關係——當然，這種簡潔絕不能有損於正確性——那麼，我們可以這樣說：後來人的信仰依據他本人從上帝那裡接受的條件，而藉助於主的同齡人的傳說（作爲機緣）——主的同齡人的傳說是後來出生的人的機緣，就像直接與主的同時性是主的同齡人的機緣一樣，而要是這傳說是本應具有的傳說（一個信仰者的傳說），那麼，這種傳說就將同樣引起對他本人所具有的並由直接與主的同時性誘發的上帝的意識的模糊解釋。要是傳說不具備這種性質，那麼，它或則出自一位編史家之手，而且並不眞正論及信仰的對象（就像一位並非信仰者的與主同時代的編史家所敘述這一或那一事件一樣），或者就出自一位哲學家，並且也不論及信仰的對象。不過，信仰者是以這樣一種方式留下傳說的，沒有人會直接去接受這種傳說，因爲「我相信它」這樣的話（儘管不把認識和我自己的創造才能當作一回事）有一種頗令人不安的轉折含義。

我們可以這樣說，根本就沒有什麼再傳信徒。最初一代信徒和最新近一代信徒實質上是一樣的，除了後一代人把主的同齡人的傳說作爲機緣，而主的同齡人把自身直接與主的同時性作爲機緣，每一代人都沒有任何特別的受惠。但這種直接與主的同時性，僅僅只是一個機緣，而對於這種機緣反應最強烈的是信徒，要是他們了解自己的話，大概就會去希望，這個機緣能隨著主離開人世而終止。

但有人也許要說：「這一切是多麼不可思議！你的議論我已讀到結尾，確實也不無有趣，我還高興地發現這裡面沒有什麼自吹自擂，也沒有什麼遮遮掩掩。你寫得夠迂迴曲折的。就像沙夫特[15]最後總要倒在餐廳那樣，[16]你也總要摻和進

---

15 沙夫特（Saft），丹麥人布勞斯（Surgeon Brause，關於此人，不詳）的助手。

16 布勞斯這樣說到他的助手沙夫特：「他拚命拐彎抹角，所以最後不是倒在餐廳裡就是倒在

一些並不屬於你自己的話，使人尋根索源頗費一番周折。《新約》把主要離開人世去往上帝那裡說成是對信徒有利的，這種說法出自《約翰福音》。[17]然而，這種說法是否是故意的，你是不是想以這種方式使那說法像現在一樣給人留下特別深刻的印象，我原本對主的同齡人的有利條件心儀已久，給予甚高的評價，但你好像把這種有利條件大大貶低了，因爲你說根本不可能有什麼再傳信徒的問題，或者可以這樣說，你以爲所有信徒實質上都是一樣的。不僅這樣，照你剛才所說，原本被以爲是一個有利條件的直接與主的同時性，已變得大成問題，似乎對於信徒來說，沒有這個有利條件也許更加有利。這表示直接與主的同時性是一種過渡狀態，它應當有自己的意義，就像你可能會說的，倘然不準備回到蘇格拉底的想法，這種直接與主的同時性是不能忽略的，儘管這樣，這種直接的同時性，對於主的同齡人來說，仍不會具有絕對的意義。所以，他不會因這種同時性的終

酒窖中。」

17 見《約翰福音》：「然而，我將真情告訴你們，我去是與你們有益的；我若不去，保惠師就不到你們這裡來；我若去，就差他來。」（16:7）

止而有實質的解脫，相反，它會因此而得益，否則的話，他就會失去一切，並回復到蘇格拉底的想法。」

——你說得太精彩了，倘使不算冒昧的話，那我要告訴你，你所說的也正是我自己要說的，不錯，事情正是那樣。直接與主的同時性絕對不是一個決定性的有利條件，要是透澈地而不是好奇或匆忙地思考這個問題的話，就不會希望——其實是不會像古代希臘的那位理髮師一樣迫不及待去希望——為了最先把令人振奮的勝利消息告訴人們而使自己的生命危在旦夕，並且不會愚蠢到把這樣的死看作是一個殉道者的死。[18] 當然，直接與主的同時性也絕不至於是主的同齡人應當明確想要它終止的一個有利條件，以免引誘他枉費氣力地東跑西奔總想親眼去看一看和親耳去聽一聽，這畢

18 這裡兼指兩件史實，一件史實是西元前四一五年雅典遠征西西里時，理髮師在雅典傳布勝利消息，另一件史實是西元前四九〇年，希臘士兵菲迪皮茨自馬拉松奔跑約四十公里到雅典，把雅典軍隊戰勝波斯侵略軍的消息告訴同胞後倒地死亡。

竟是可悲又令人絕望的討厭事。不過，你肯定自己也覺得，這其實屬於另一種解說，那裡的問題也許是，與主同時的信仰者，在他成了信仰者之後，會從與主的同時性中得到什麼有利條件；而我們在這裡僅僅只考慮直接與主的同時性在多大程度上更容易使人成為一個信仰者。後來出生的人不可能受到這樣的引誘，因為他們只有主的同齡人的傳說，而傳說只是一種傳說，是信仰的有所侷限的形式。因此，要是後來人了解自己的話，他應當希望主的同齡人的傳說不要過於冗長，尤其不要寫成多得連世界都容不下的書去表述。[19]直接與主的同時性有一種浮躁不安，只有聲明這種同時性終止了，這種浮躁不安才會結束——不過，也並非要安寧才去排除歷史的東西，要是那樣的話，一切又是蘇格拉底的框架。

平等就是這樣確立起來的，敵對的各方也是這樣想到平等的。

我自己也是這麼看的，不過，你也應當考慮到，上帝自己是調解人。

19 見《約翰福音》：耶穌所行的事還有許多，若是一一地都寫出來，我想，所寫的書就是世界也容不下了（21:25）。

上帝會給一些人帶來和解，從而使這些人截然不同於其他一些人嗎？那樣的話，其實會導致衝突。上帝會允許當局去裁決得到他好感的這些人嗎？或者，上帝讓和解對每時每地的每一個人都變得同樣的困難，這難道不值得嗎？我之所以說「同樣的困難」，是因為每一個人都沒有能力為自己提供條件（當然，他也不是從另一個人那裡接受條件的，否則就會產生新的衝突），這樣一來，同樣的困難又可以說是同樣的容易——因為是由上帝提供條件給人。你瞧，這就是我一開始要把我的思考方案看作（說得更確切些，只是由於一個假設才可以這樣被看作）是一個敬上帝的方案的原因，而且，我至今依然把它看作是敬上帝的方案，我依然不在乎任何人的反對，相反，我倒要再次懇請你，倘有什麼正當的反對理由要提出，就請提出來。

你突然變得這麼的快活！雖然我們的話題並不輕鬆，但光是為讓你快活，我也應當提出一點反對的理由，除非不提出反對理由會使你更快活，或者你一本正經的懇請只是打算暗示我免開尊口。我想從你的快活說開，去提出我的反對理由，以免我的反對理由真的會使你的快活籠罩上陰影。我也同樣認為，後來出生的一代人是因快活才使自己開始跟與主同時的一代人區分開來的。我完全意識到，與主同時的一代人應當真正深切地感受和經歷到包含在這一悖論的趨向實存之中的痛苦，或者就像你所說的那樣，包含在上帝讓自己活在人的生命之中的痛苦。但事物的新秩序必定會逐漸成功地排除一切障礙，而快樂的一代最終將會到來，他們在歡樂的歌聲中去收穫第一代人含著淚水所播種的果實。但那樣一來，一生沉浸在歌聲和鈴聲之中的快活得意的這一代人不就截然不同於最初一代和早先幾代人了嗎？

是的，這確實不同，容許由於這樣的不同，甚至難以保留作為我們這一討論前提的每一代信徒的平等性，而要是不保留這個前提，這一代人的特殊性就會使我要想獲得這種平等性的努力歸於失敗。但這樣快活得意的一代人，或像你所說的，一生沉浸在歌聲和鈴聲之中——要是我沒有記錯的話，這使我想起一位頗有名氣的天才[20]在一種時髦的、「北歐麥芽酒」

20 指丹麥哥本哈根大學神學院神學家格朗特維格（N. F. S. Grundtvig）。

（ale-Norse）[21]版《聖經》譯本中也有這句話——像這樣一代人其實應該是信仰的一代嗎？現在，要是信仰真的具有全面推進成功的意思，那就沒有必要允許人們去唱諷刺挖苦的歌，這樣做阻擋不住任何人。即使人們嚇得目瞪口呆，這狂歡的隊伍仍會發出刺耳的哄笑，就像出自錫蘭（Ceylon）大自然的聲音，[22]因為狂歡慶祝的信仰是所有信仰中最荒唐可笑的。要是與主同時的信仰者沒有時間去狂歡慶祝，那麼任何一代信徒也都不會有時間去狂歡慶祝，因為對每一代信徒來說，信仰的課業都是一樣的，並且，信仰總是處在衝突之中，而只要有衝突，就總有獲勝的可能性。所以，就信仰來說，人們是絕不會提前去狂歡慶祝的，說得更確切一些，是絕不會及時去狂歡慶祝的，他們怎麼會有時間去創作勝利的凱歌或有適當的機會去

---

21 丹麥文 ϕlnordisk 的字面意義是北歐麥芽酒。

22 舒伯特（Gotthilf Heinrich Von Schubert）在《夢的象徵意義》（*Die Symbolik der Traumen*，班貝克，一八二一年）中寫道：「……大自然的聲音，那錫蘭天空中的樂曲，使人時而心驚膽寒，時而愜意快心，時而哀怨斷腸，彷彿哼唱著小步舞曲的音調。」（第三十八頁）

唱這些凱歌呢！要是果真發生這種狂歡慶祝的話，那就好比一支臨戰前的軍隊，非但不去嚴陣以待，反而行軍返回到正在狂歡的兵營一樣。對於這種做法，即使不加嘲笑，即使與主同時代的人全都同情這種胡言亂語，但說不定什麼時候人們忍俊不禁的笑聲總會突然噴發出來！主的同齡人要是不願意上帝讓自己遭受卑賤和輕蔑，他對上帝的追求就是徒勞的，與此相比，所謂後來信仰者的狀況甚至更糟，因為他們本人更不會安於卑賤的貧困和受辱，更不會安於愚魯的爭執，除非這一切都跟歌聲和鈴聲有關，他無疑才會下決心去相信上帝。對於這種信徒，上帝容許會像對與主同時的信徒那樣去對他說：「那麼說來，你原來愛的只是創造神蹟的全能者，而不是屈尊自己去跟你平等的全能者。」

對不起，這裡我要打斷一下。即使我是一位比我實際更出色的辯證學家，我也總有自己的限度。從根本上說，一位出色的辯證學家恰恰在於他始終去強調絕對以及絕對的特性。這正是我們今天由於取消矛盾原理和為了取消矛盾原理而完全忽視了的東西，完全沒有領會亞里斯多德所強調的，其實就是矛盾原理的取消要以矛盾原理為依據這樣的命題，否則，不取消矛盾原理的相反命題也同樣是真的。[23]

---

23 見亞里斯多德的《形上學》：凡為每一個有些理解的人所理解的原理必不是一個假設；凡為有些知識的人所必知的原理當然是在進行專門研究前所該預知的原理。現在，讓我們進而說明什麼是這樣一個最確實的原理。這原理是：「同樣屬性在同一情況下不能同時屬於又不屬於同一主題」；我們必須預想到各項附加條件，以堵住辯證家乘機鼓吹的罅隙。因為這符合於上述的界說，這就是一切原理中最確實的原理——有些人甚至要求將這原理也加以證明，實在這是因為他們缺乏教育；凡不能分別何者應求實證，何者不必求證就是因為失教，故而好辯。一切事物悉加證明是不可能的（因為這樣將作無盡的追溯，而最後還是有所未證明的）；假如承認不必求證的原理應該是有的，那麼人們當不能另舉出別的原理比現在這一原理（矛盾律）更是不證自明的。

又，假如對於同一主題，在同一時間內所有相反說明都是對的，顯然，一切事物也將混一。

照這論點，如上已言及，一切事物悉成混一，如人與上帝與接船以及它們的相反都將成為同一事物。相反既可同作每一主題的述詞，一事物與另一事物就無從分別；因為它們之間若有所分別，則這差異正將是某些真實而相異的質性。假如將那兩個相反述詞分開來

我想更就你的許多暗示直接做點說明，你的許多暗示幾乎都針對我在議論中摻和了剽竊來的話。對此，我並不否認，老實告訴你，我還是有意要這樣做的，而且在這本小冊子的續篇——要是我接著去寫這續篇的話——我打算用相應的書名去點明這事實，並使其問題裹上歷史的外表。[24]像吾輩這樣一個小冊子作者，你也許從別人那裡聽說過，是再隨便沒有的，要是我真想去寫續篇的話，那何必在這本小冊子要結束時，偏又一本正經起來，還許下一個頗大的願，以取悅人心呢？換句話說，寫小冊子時我還那麼輕佻——現在卻又那麼一本正經地許願要寫成體系的書，弄得每個人不僅自己看來而且別人看來都那麼的一本正經。要領悟續篇將有什麼歷史外衣並不難。眾所周知，基督教應當成為每個人的永恆意識起

作答，除了引致上述各樣事物的混一外，也將引致這樣的結論，一切事物可以是對的，也可以是錯的；而我們的對方承認自己是在錯的一邊。（商務印書館，一九五〇年版，1005^{b17}-1006^{a12}，1007^{b20}，1008^{a25}）

24 指《哲學片段》出版後三年問世的《哲學片段的非科學的最後附言》。「作者」克利馬科斯認為《片段》的敘述是數學式的，《附言》的敘述是歷史式的。

點的唯一歷史現象，也應當是每個人不單從歷史方面去感興趣的唯一歷史現象，也應當是每個人賴以去建立他跟某個歷史事實的關係的唯一歷史現象，儘管基督教是歷史的，而事實上，它也虧得是歷史的。基督教的這種想法是任何哲學都不曾有過的（因為哲學只適用於思考），是任何神學都不曾有過的（因為神學只適用於想像），也是任何歷史知識都不曾有過的（那種歷史知識只適用於回憶）——在這方面，對於這種想法，人們會帶著盡量多重的意思去說，這是人心未曾想到的。[25]不過，在某種程度上說，我應當忘記這一點，並且應當適用一個假設的隨意判斷，我已假定這一切都是我本人的怪異想法，這種想法在我澈底弄通之前，我是不想拋棄的。教士們總是從創世開始講，所以他們能滔滔不絕地講述世界史。要是我們從講述早先所說的東西開始去討論基督教和哲學的關係，講述我

25 見《哥林多前書》：我們講的，乃是從前所隱藏、上帝奧祕的智慧，就是上帝在萬世以前預定使我們得榮耀的。這智慧世上有權有位的人沒有一個知道的，他們若知道，就不把榮耀的主釘在十字架上了。如經上所記：上帝為愛他的人所預備的是眼睛未曾看見，耳朵未曾聽見，人心也未曾想到的（2:7-9）。

們過去是怎樣的，而不是最終是怎樣的，那麼我們就得老是設法去重新開始，因為歷史總是不斷在形成著的。要是我們從「那位《新約》的執行者（executor novi Testamenti），偉大的思想家和聖人本丟・彼拉多[26]」[27]開始——他即使沒有發明調解，卻也因自己的特色而受到基督教和哲學的深深感激，而要是在從他開始之前，我們還必須去等待一兩本屢次被權威（ex cathedra）預告的關鍵性著作（也許還是系列的著作），我們又究竟怎樣設法去重新開始呢？

---

26 本丟・彼拉多（Pontius Pilate，?—三六），羅馬帝國的猶太巡撫，主持對耶穌的審判，並宣判耶穌死刑。事後向羅馬皇帝辭職。在基督教傳說裡，彼拉多最後信奉基督教。

27 普魯士基督教思想家哈曼（Hamman）在一封書信上寫道：「本丟・彼拉多——最聰明的作者和最難解的先知。」（《哈曼參考文獻》，柏林，萊比錫，一八二一—一八四三年，卷五，第二七四頁）

跋

這個思考方案顯然超脫了蘇格拉底的框架，這在方案中是隨處可見的。至於它是否因此就比蘇格拉底的想法更眞實則是一個完全不同的問題，思考方案不可能同時再去解答這個問題，因爲在這方案裡已經做了幾個新的假定。它假定了一個新的官能：信仰；假定了一個新的前提：罪的意識；假定了一個新的決斷：瞬間；假定了一個新的教師：顯現在時間中的上帝。沒有這些新的假定，我其實是不敢有膽量讓自己去審察蘇格拉底這位諷刺家的，他幾千年來備受後人的仰慕，我自己對他也懷著深情的敬意。要是我們說的實質上和蘇格拉底說的完全一樣，那就簡直談不上超脫蘇格拉底的想法，至少那超脫的其實並不是蘇格拉底的想法。

譯者後記

齊克果說他寫《哲學片段》這樣的小冊子是值得的。譯完該書，我也有「值得」的感覺。稱到哲學書，大凡總不外乎兩種，一種出自哲學家之心，一種出自哲學匠之手。自古以來，出自「家」的書，鳳毛麟角；出自「匠」的書，汗牛充棟。「家」書與「匠」書之別，不在篇幅，不在體裁，而在識見之高超。「家」書運思，「匠」書堆砌；「家」書直顯心性，「匠」書引經據典；「家」書奇詭，卻有神境；「匠」書規整，罕有創意。這本小冊子，猶若牧童短笛無腔，但卻獨抒性靈，不拘俗套。作者不阡不陌，攄其胸中之獨見，鋒芒所向，直指基督教的根基，即代表希臘理性精神的蘇格拉底（柏拉圖）框架。這本小冊子，儘管箋箋短幅，然卻搖撼了千古不移之教理，揭示了基督神性的眞髓——個人對上帝的直接認信。這樣的書，當屬「家」書無疑。千古爲學，唯在歸心。能譯這樣悟心開慧的「家」書奉獻給中文的讀者，自然是值得的。

感謝我妻子、女兒，此書翻譯完稿，有著她們的一份心血。

翁紹軍

一九九四年五月於滬上

人名索引

四畫

厄洛斯 Eros 45, 59
巴德爾 Franz Baader 15, 153
戈爾德卡爾布 Baron Goldkalb 5, 6

五畫

卡利克勒 Callicles 49, 138, 139
卡爾涅阿德 Carneades 87
布勞斯 Surgeon Brause 194
本丟・彼拉多 Pontius Pilate 205

六畫

伊比鳩魯 Epicurus 143, 177
伊里本納 John Scotus Erigena 15
伊拉思謨斯 Erasmus 2, 191
地米斯托克利 Themistocles 50
安瑟倫 Anselm 86
米特拉達梯 Mithridates 131, 132
米諾斯 Minos 35, 36
色諾芬 Xenophon 3, 30, 88, 99
西庇阿 Lucius Scipio 132
西塞羅 Cicero 2

七畫

克律西波 Chrysippus 87, 147
沙夫特 Saft 194
狄奧多羅 Diodorus 147

八畫

亞里斯多德 Aristotle 5, 30, 46, 140, 141, 142, 143, 144, 153, 158, 201, 202
佩利 Paley 88
居魯士王 Cyrus 132

所羅門 Solomon 56, 111
拉克坦提烏斯 Lactantius 105
拉達曼提斯 Rhadamanthus 35, 36
明希豪森 Münchhausen 192
芝諾 Zeno 30
阿里斯多芬 Aristophanes 43
阿波羅尼奧 Apollonius, Tyana 181
阿基米德 Archimedes 4
阿爾基比亞德 Alcibiades 44, 45, 46, 60, 78, 118

九畫

哈曼 Hamann 104, 205
施萊爾馬赫 Schleiermacher 6
柏拉圖 Plato 9, 12, 13, 14, 15, 16, 17, 18, 21, 23, 38, 44, 49, 69, 74, 78, 117, 138, 153, 158, 181
科里班忒們 the Corybantes 44, 45

十畫

埃阿科斯 Aeacus 35
恩披里柯 Sextus Empiricus 76, 77, 90, 157
拿破崙 Napoleon 5

十一畫

琉善 Lucian 5
基尼阿斯 Cineas 132
畢達哥拉斯 Pythagoras） 15, 181
第歐根尼 Diogenes Laertius 4, 5, 19, 30, 158
莎士比亞 Shakespeare 84, 103, 105

十二畫

凱撒 Caesar 54

斯特芬斯 Henrich Steffens 145

斯梅爾狄斯 Smerdis 134

斯賓諾莎 Baruch Spinoza 82, 83, 84, 97, 99, 120

普林尼 Pliny 131

普魯塔克 Plutarchos Kaironeus 50

普羅狄科 Prodicus 21, 22, 23

普羅泰戈拉 Protagoras 12, 13, 78

策勒爾 Zeller 30

腓力 Philip 4

舒伯特 Gotthilf Heinrich Von Schubert 200

萊布尼茲 Leibniz 84, 153

雅可比 Jacobi 160

黑格爾 Hegel 6, 7, 15, 16, 19, 20, 23, 43, 149, 150, 156, 163

十五畫

德爾圖良 Tertullian 104

德謨克利特 Democritus 30, 76

歐利根 Origen 15

鄧尼曼 Tennemann 22

十六畫

霍爾堡 Ludvig Holberg 2, 6, 150, 180, 191

十七畫

謝林 Schelling 15, 23, 145

十八畫

薩盧斯特 Sallust 3

二十畫

蘇格拉底 Sacrates 3, 9, 12, 13, 14, 15, 16, 17, 18, 19, 20, 21, 22, 23, 24, 25, 26, 27, 32, 33, 35, 37, 38, 42, 43, 44, 45, 46, 47, 49, 50, 53, 57, 58, 59, 60, 61, 69, 74, 76, 77, 78, 79, 88, 89, 94, 99, 100, 101, 108, 113, 114, 115, 117, 118, 119, 120, 121, 123, 124, 126, 127, 134, 138, 139, 164, 180, 181, 187, 188, 189, 195, 196, 197

齊克果年表

Søren Aabye Kierkegaard, 1813-1855

年代	生平記事
一八一三年五月五日	出生。
一八二一年	進入布日爾狄斯科倫學校讀書。
一八三〇年	就讀哥本哈根大學。
一八三四年	母親逝世。
一八三四年	受教於馬騰森。
一八三六—一八三七年	聽保羅・彌勒關於形而上學一般的概念的講座。
一八三七年	在鮑萊特家遇見並認識蕾琪娜。
一八三八年	父親去世。《一位健在者的論文》發表。
一八四〇年	通過神學考試。向蕾琪娜求婚。
一八四一年	歸還蕾琪娜的訂婚戒指，與蕾琪娜徹底絕交。碩士論文《論蘇格拉底的諷刺概念》答辯。赴柏林。
一八四二年	從柏林返回。
一八四三年	《或此或彼》出版。第二次赴柏林。《布道詞兩篇》、《恐懼和顫慄》、《重複》、《布道詞三篇》、《布道詞四篇》出版。

一八四四年	《布道詞兩篇》、《布道詞三篇》、《哲學片段》、《焦慮的概念》、《前言》、《布道詞四篇》出版。
一八四五年	《關於虛構場面的三篇講稿》、《生命的階段》出版。第三次赴柏林。《布道詞十八篇》出版。在《祖國報》上撰文，希望《海盜號》對他進行責罵。
一八四六年	《海盜號》首次刊登有關齊克果的文章，並附漫畫。想結束寫作生涯當牧師。《非科學的結語》、《文學評論一篇》出版。
一八四七年	《從不同角度進行研究的布道詞》出版。蕾琪娜嫁給施萊格爾。
一八四八年	與醫生交談後獲得某種精神和心理上的體驗。丹麥—普魯士三年戰爭爆發。《基督教文集》出版。四月，因經濟困難搬入托納布斯克嘉德一五六號新住宅。《對我著作事業的看法》完成，但決定不予發表。
一八四九年	開始殉教的想法。
一八四九年	《或此或彼》第二版問世。《野地裡的百合花和天上的飛鳥》、《兩篇倫理—宗教論文》、《致死的疾病》、《祭司—稅吏—有罪的女子：耶穌受難日聖餐時的三篇演講》出版。
一八五〇年	《基督教的錘鍊》、《布道詞一篇》出版。
一八五一年	《我的著述事業》、《反省，向當代介紹自己》出版。

一八五四年	明斯特主教去世，馬騰森被任命為主教。發表〈明斯特主教是「真理的見證人」、「真正的真理的見證人」之一嗎？——那是真理嗎？〉。這是一系列二十一篇文章中的第一篇。
一八五五年	《既然非說不可；那麼現在就說》、《瞬間》第一期、《基督對官方基督教的評價》、《上帝的不可改變性》、《瞬間》第九期發行。寫下最後一篇日記。十一月十一日，去世。

經典名著文庫216

哲學片段

Philosophiske Smuler

叢書策劃 —— 楊榮川
作　　者 —— 〔丹麥〕齊克果 Johannes Climacus (ed. S. Aa. Kierkegaard)
譯　　者 —— 翁紹軍
編輯主編 —— 蘇美嬌
封面設計 —— 姚孝慈
著者繪像 —— 莊河源
出 版 者 —— 五南圖書出版股份有限公司
發 行 人 —— 楊榮川
總 經 理 —— 楊士清
總 編 輯 —— 楊秀麗
地　址 —— 台北市大安區 106 和平東路二段 339 號 4 樓
電　話 —— 02-27055066（代表號）
傳　眞 —— 02-27066100
劃撥帳號 —— 01068953
戶　名 —— 五南圖書出版股份有限公司
網　址 —— https://www.wunan.com.tw
電子郵件 —— wunan@wunan.com.tw
法律顧問 —— 林勝安律師
出版日期 —— 2025 年 4 月初版一刷
定　　價 —— 350 元

國家圖書館出版品預行編目資料

哲學片段 / 齊克果 (Søren Aabye Kierkegaard) 著；翁紹軍譯 . -- 初版 . -- 臺北市：五南圖書出版股份有限公司, 2025.04
面；　公分 . -- (經典名著文庫 216)
譯自：Philosophiske Smuler.
ISBN 978-626-393-798-7(平裝)

1.CST: 神學　2.CST: 基督教哲學

242　113014105